Reemtsma | Gewalt als Lebensform

[Was bedeutet das alles?]

Jan Philipp Reemtsma

# Gewalt als Lebensform

## Zwei Reden

Reclam

RECLAMS UNIVERSAL-BIBLIOTHEK Nr. 19382

Gestaltung: Cornelia Feyll, Friedrich Forssman
Gesamtherstellung: Reclam, Ditzingen. Printed in Germany 2016
RECLAM, UNIVERSAL-BIBLIOTHEK und
RECLAMS UNIVERSAL-BIBLIOTHEK sind eingetragene Marken
der Philipp Reclam jun. GmbH & Co. KG, Stuttgart
ISBN 978-3-15-019382-2

Auch als E-Book erhältlich

www.reclam.de

# Inhalt

Gewalt als attraktive Lebensform betrachtet 7
Gewalt und Vertrauen. Grundzüge einer Theorie der Gewalt in der Moderne 29

Zu dieser Ausgabe 56
Zu Autor und Werken 57
Werkauswahl 63

# Gewalt als attraktive Lebensform betrachtet

»Es war drei Uhr nachmittags. Plötzlich wurde Rufen und Schreien, eine Art von übermütigem Johlen, Pfeifen und das Gestampf vieler Schritte auf der Straße vernehmbar, ein Lärm, der sich näherte und anwuchs …

›Mama, was ist das?‹, sagte Clara, die durchs Fenster […] blickte. ›All die Leute … Was haben sie?‹

›Mein Gott!‹, rief die Konsulin, indem sie […] angstvoll aufsprang und zum Fenster eilte. ›Sollte es … O mein Gott, ja, die Revolution … Es ist das Volk …‹«

Die Konsulin wird gleich den Diener rufen: »›Anton?!‹« – mit »bebender Stimme« – und ihn anweisen: »›Anton, geh hinunter! Schließe die Hausthür! Mach' Alles zu! Es ist das Volk …‹«

Es ist das Revolutionsjahr 1848, der Schauplatz ist Lübeck, zitiert habe ich aus Thomas Manns *Buddenbrooks*. Und so beginnt die Schilderung: »Die Sache war die, daß während des ganzen Tages bereits Unruhen in der Stadt geherrscht hatten. In der Breiten Straße war am Morgen die Schaufensterscheibe des Tuchhändlers Benthien vermittelst Steinwurfes zertrümmert worden, wobei Gott allein wußte, was das Fenster des Herrn Benthien mit der hohen Politik zu tun hatte.«[1] Über das Fenster des Herrn Benthien wird später noch zu sprechen sein. Wie die Sache sonst abläuft – man wird sich erinnern. Die Bürgerschaft bleibt den Tag über belagert, am Ende, vor allem durch souveränes Agieren des Konsuls Johann Buddenbrook, entspannt sich

1 Thomas Mann, *Buddenbrooks. Verfall einer Familie*, hrsg. von Eckhard Heftrich, Frankfurt a. M. 2002, S. 95.

die Lage, und die Ordnung wird wiederhergestellt: »›Nicht mal die Lampen sind angezündet ... Dat geiht denn doch tau wied mit de Revolution!‹«[2] Auch über Lampen wird noch zu sprechen sein.

Man fährt dann nach Hause, der Konsul Buddenbrook in der Kutsche mit seinem Schwiegervater Lebrecht Kröger, dem die Sache schon zuvor auf sein aristokratisches Gemüt geschlagen war: »›Das kleine Abenteuer geht Ihnen hoffentlich nicht nahe, Vater?‹ Unter dem schneeweißen Toupé waren auf Lebrecht Krögers Stirn zwei bläuliche Adern in besorgniserregender Weise geschwollen, und während die eine seiner aristokratischen Greisenhände mit den opalisierenden Knöpfen an seiner Weste spielte, zitterte die andere, mit einem großen Brillanten geschmückt, auf seinen Knieen. ›Papperlapapp, Buddenbrook!‹ sagte er mit sonderbarer Müdigkeit. ›Ich bin ennüyiert [gelangweilt], das ist das Ganze.‹ Aber er strafte sich selber Lügen, indem er plötzlich hervorzischte: ›Parbleu, Jean, man müßte diesen infamen Schmierfinken‹« – gemeint sind die vermuteten Agitatoren – »›den Respekt mit Pulver und Blei in den Leib knallen ... das Pack ...! Die Canaille ...!‹« – »Die Canaille« werden auch seine vorletzten Worte sein, denn: »Plötzlich – die Equipage rasselte durch die Burgstraße – geschah etwas Erschreckendes. Als nämlich der Wagen, fünfzehn Schritte etwa von dem in Halbdunkel getauchten Gemäuer des Thores, eine Ansammlung lärmender und vergnügter Gassenjungen passierte, flog durch das offene Fenster ein Stein herein. Es war ein ganz harmloser Feldstein, kaum von der Größe eines Hühnereies, der, zur Feier der Revolu-

2 Ebd., S. 209.

tion von der Hand irgend eines Krischan Snut oder Heine Voß geschleudert, sicherlich nicht böse gemeint und wahrscheinlich gar nicht nach dem Wagen gezielt worden war. Lautlos kam er durchs Fenster herein, prallte lautlos gegen Lebrecht Krögers von dickem Pelze bedeckte Brust, rollte ebenso lautlos an der Felldecke hinab und blieb am Boden liegen. ›Täppische Flegelei!‹, sagte der Konsul ärgerlich. ›Ist man denn heute Abend außer Rand und Band? … Aber er hat Sie nicht verletzt, wie, Schwiegervater?‹ Der alte Kröger schwieg, er schwieg beängstigend. […] Dann aber kam es ganz tief aus ihm heraus … langsam, kalt und schwer, ein einziges Wort: ›Die Canaille.‹«[3] Und schließlich, als es ans Aussteigen geht, nur noch »›Helfen Sie mir‹« – dann bricht er tot zusammen.

Die Canaille – als ich im Februar in diesem Hause den Abendvortrag von Fabien Jobard auf der Tagung »Politische Gewalt im urbanen Raum« kommentierte, kam ich auf die Formulierung des früheren französischen Innenministers angesichts der Pariser Vorstadtrevolten zu sprechen: »les racailles«, auf Deutsch etwa »das Gesindel«. Mit dem Hinweis, »Gesindel« sei zweifellos kein soziologischer Begriff, wollte ich das Problem pointieren, das der Abendvortrag aufgeworfen hatte. Jobard hatte sich gegen eine Art überheblich-achselzuckender Bewertung der Träger der Unruhen gewendet, sie seien im Grunde sprachlos und hätten keine politische Agenda. Zwar sei die – auch gemessen an den sonderbar ziellosen, allenfalls symbolisch zu verstehenden Zerstörungs- und Plünderungsaktionen, angesichts der zwischen Rassismusvorwurf und eigenen ras-

3 Ebd., S. 213.

sistischen Wutaktionen sonderbar oszillierenden Affektlagen – tatsächlich nicht auszumachen, allerdings hätten diese Aufstände durchaus zuweilen politische Wirkungen – Verbesserung der Sozialfürsorge in manchen Stadtteilen etwa – zur Folge gehabt und könnten so wenigstens nicht als politisch funktionslos angesehen werden. In diesem Zusammenhang kritisierte der Vortragende das Überheblichkeitsvokabular aus der Tradition der klassischen Arbeiteraristokratie wie etwa »Lumpenproletariat« – also jene zu disziplinierter Organisation nicht fähigen proletarischen Schichten, die allenfalls spontane Zusammenrottungen zustande brächten. Der Ausdruck stammt bekanntlich aus dem *Kommunistischen Manifest* – schlagen wir nach: »Das Lumpenproletariat, diese passive Verfaulung der untersten Schichten der alten Gesellschaft, wird durch eine proletarische Revolution stellenweise in die Bewegung hineingeschleudert, seiner ganzen Lebenslage nach wird es bereitwilliger sein, sich zu reaktionären Umtrieben erkaufen zu lassen.«[4] Hätte ich in meinem Kommentar erwogen, zum Verständnis von Vorstadtunruhen auf die Marx'sche Klassenanalyse zurückzugreifen, hätte die Süddeutsche Zeitung, die nicht die Tagung, wohl aber meinen Kommentar zum Gegenstand eines in jeder Hinsicht entgeisterten Artikels mit dem Tenor machte: ›Das schlägt ja dem Fass den Boden aus – der Vorstand des Hamburger Instituts für Sozialforschung zitiert zustimmend Sarkozy!‹, das für einen erwägenswerten Gedanken gehalten.

Aber lassen wir das. Worauf ich hinweisen wollte, war,

4 Karl Marx / Friedrich Engels, *Manifest der Kommunistischen Partei*, Stuttgart 2014, S. 51.

dass es eine gewisse Gruppe von Verlegenheitsvokabeln gibt – Marx: »passive Verfaulung«, Sarkozy: »Gesindel« –, die darauf zeigen, dass man sich mit denselben Schwierigkeiten herumschlägt wie Clara Buddenbrook: »[W]as ist das? All die Leute … Was haben sie?« Diese Leute – bei Victor Hugo jene der Miserables, die sich, man weiß nicht wie, zusammentun; in einem Fall liefert das Begräbnis eines populären Generals den Anlass: »In dem Leichenzug kreisten die wildesten Gerüchte. […] Ein Mann, der unbekannt blieb, verbreitete das Gerücht, zwei Werkmeister, die man gewonnen habe, würden dem Volk die Tore einer Waffenfabrik öffnen. Die meisten Leute waren gleichzeitig begeistert und niedergeschlagen. Man sah in der Menge auch wahre Verbrechertypen, Leute, die es auf eine Plünderung abgesehen hatten. Wenn Sümpfe aufgewühlt werden, steigt der Kot an die Oberfläche.«[5] Sarkozy sprach davon, den Abschaum »wegzukärchern«. Ob Hugo, ob Marx, ob Sarkozy – die Assoziationen sind dieselben: Abschaum, Fäulnis, Kot. Sapienti sat.

Oder falls nicht – gewiss ließe sich in der Tradition Freuds und seiner Ausleger dazu eine Menge sagen, aber das können andere besser. Ich will nur darauf hinweisen, dass ontogenetisch, also von der Entwicklung des Einzelwesens her gesehen, mit der Wahrnehmung des eigenen Kots als Schmutz der Schritt hin zum selbständigen, zu Individualität wie Vergemeinschaftung geeigneten Menschen getan wird – und phylogenetisch, also stammesgeschichtlich … nun, Thomas Mann lässt in seiner Moses-Erzählung *Das Gesetz* die Sauberkeitserziehung das Erste

5 Victor Hugo, *Die Elenden*, München o. J., S. 453.

sein, was Moses seinem Volk, dem, wie es dort heißt, »Gehudel« und »Pöbel«, versucht, angedeihen zu lassen (noch vor dem Inzestverbot, den Speiserichtlinien etc.): »Wie es aussah in dem Gehudel, und wie sehr es ein bloßer Rohstoff war aus Fleisch und Blut, dem die Grundbegriffe von Reinheit und Heiligkeit abgingen, wie sehr Mose von vorn anfangen und ihnen das Früheste beibringen mußte, das merkt man den notdürftigen« – was für eine bedachte Wortwahl – »Vorschriften an, mit denen er daran herumzuwerken [...] begann. [...] Vorläufig waren sie nichts als Pöbelvolk, was sie schon dadurch bekundeten, daß sie ihre Leiber einfach ins Lager entleerten, wo es sich treffen wollte. Das war eine Schande und eine Pest. Du sollst außen vor dem Lager einen Ort haben, wohin du zur Not hinauswandelst, hast du mich verstanden? Und du sollst ein Schäuflein haben, womit du gräbst, ehe du dich setzest; und wenn du gesessen hast, sollst du's zuscharren, denn der Herr, dein Gott, wandelt in deinem Lager, das darum ein heiliges Lager sein soll, nämlich ein sauberes, damit Er sich nicht die Nase zuhalte und sich von dir wende. Denn die Heiligkeit fängt mit der Sauberkeit an [...]. Das nächste Mal will ich bei jedem ein Schäuflein sehen, oder der Würgeengel soll über euch kommen!«[6]

Wie in dieser oder jener psychologischen Theorie solche emphatische Bindung an Ausscheidungen, Ausgeschiedenes und Auszuscheidendes interpretiert werden mag, es ist immer eine allererste zivilisatorische Unterscheidung: die zwischen Ordnung und Schmutz. Was wo hingehört, was

6 Thomas Mann, *Das Gesetz*, in: ders., *Werke in zwölf Bänden. Die Erzählungen*, Bd. 2, Frankfurt am Main 1967, S. 651.

sich keinesfalls gehört, was ekelhaft ist, was ver- und gemieden werden muss. Die anderen Unterscheidungen, die immer nach dem Muster verboten/erlaubt/geboten getroffen werden und die dann Sexualität und Gewalt betreffen, kommen später. Der Kot (im wörtlichen wie im übertragenen Sinne) muss weggeräumt, vernichtet werden, weil er die zivilisatorische Bemühung als solche mit Vernichtung bedroht.

Die Ausdrücke, in diesem Zusammenhang besser: die Formulierungen – Kot, Abschaum – zeigen also eine radikale Emphase – aber wieso? Die psychoanalytische Theorie (und nicht nur sie) wird darauf hinweisen, dass alles, was abgewehrt, auch begehrt wird. Die Bedrohung kommt also nicht nur von außen, sie kommt auch von innen. In Anlehnung an einen klassischen Ausdruck können wir – vermutend – von einem Unbehagen in und an der Zivilisation sprechen.

Diese Überlegungen möchten vielleicht eine Reihe von Hörerinnen und Hörern unwillig machen. Sie erwarten eine soziologisch-historiografische Antwort auf die Frage, was es mit der Straßengewalt auf sich habe, und nicht ein Räsonieren darüber, welche psychische Aufladung hinter unqualifizierter politischer Polemik steckt. Einem solchen Einwand möchte ich mit der Frage begegnen, ob dieses Erklärungsbegehren nicht vielleicht ein etwas zivilerer Ausdruck desselben Affektes ist: Man möchte ein Rätsel gelöst bekommen, das nur darum eines ist, weil wir uns Offensichtliches durch Verrätselung vom seelischen Leibe halten möchten.

Warum brennen in den Vorstädten Autos – ohne dass gleichzeitig Proklamationen erscheinen, die dafür einen politischen Grund angeben? Warum macht sich eine Handvoll Bürgerinnen und Bürger mit der Unterstützung von ein paar Dropouts daran, Menschen zu entführen, zu erschießen und Bomben zu werfen? Warum zieht – ausgerechnet – ein Rapper aus Köln in den Irak, um als Dschihadist zu kämpfen und vor laufender Webcam Leute zu ermorden?

Ich möchte hingegen fragen, warum wir so fragen. Warum meinen wir, die Soziologie, die Psychologie und in gewissem Sinne die Historiografie könnten uns etwas »erklären«, soll heißen: uns sagen, was *dahinter*steckt, in *Wirklichkeit* passiert, die *wahren* Gründe/Motive/wasauchimmer sind – und so weiter? Lassen Sie uns banal miteinander werden: Wenn einer irgendetwas tut, nehmen wir an, dass er das tut, weil er es tun will. Wir fragen ihn manchmal, warum er das tut / tun will – und dann fragen wir nach Gründen, oft nach Legitimationen. Wir fragen, wie er, was er tut, begründet und legitimieren kann. Das tun wir deshalb, weil es uns betrifft und wir uns möglicherweise mit seinem Tun befassen wollen, mit ihm, der das tut. Wir sondieren das Terrain, auf dem wir uns befinden. Wenn jemand uns anrempelt, und wir sagen: »Was fällt Ihnen ein?«, und er sagt: »Ich hab's eilig!«, nehmen wir es entweder hin oder wir sagen: »Das ist noch lange kein Grund!« Eine Reaktion à la »Ja, das sagen Sie so, aber warum tun Sie's wirklich?« würde uns als Sonderlinge ausweisen.

Jemand trinkt gerne sehr nach Torffeuerrauch schmeckenden Maltwhisky. Warum in aller Welt tut er das? Na, es schmeckt ihm eben. Wenn er diesen Geschmack nicht schätzte und wenn er nicht Alkohol schätzte – er tät's nicht. Ja, aber das Zeug schmeckt doch abscheulich – wie Moorleiche! Und auch noch Schnaps! Ja, du magst das nicht, er schon. Aber warum? Wann ist das eine sinnvolle Frage? Zum Beispiel dann, wenn er sich, nachdem er ein Glas getrunken hat, stets erbricht, weil er keinen Alkohol verträgt, und immer sagt: »Eigentlich trinke ich viel lieber Gin Tonic, aber den vertrage ich auch nicht«. Das wäre ein guter Anlass zu fragen, was hier eigentlich los ist. Nur sind die Probleme, vor die man gestellt ist, selten dieser Art.

Einwand: Das mag für die meisten Alltagsprobleme gelten, aber hier geht es doch um wissenschaftliche Problemstellungen. Aber warum sollte es sich in der Wissenschaft anders verhalten? Ich denke, weil es keine wissenschaftlichen Fragen gibt, sondern nur wissenschaftliche Antworten. Das wissenschaftliche Reden über Sachverhalte unterscheidet sich vom Alltagsreden nur durch größere Komplexität. Es ist nicht dazu da, Verborgenes aufzuspüren, sondern aus einem großen Fundus von Kenntnissen, aus genauem Nachdenken heraus, darzustellen, was der Fall ist.

Ich bin, einige unter Ihnen wissen das bereits, den anderen ist es nun vielleicht deutlich geworden, kein Freund Platons. Ich gehöre nicht zur Spezies derer, die Nietzsche die »Hinterweltler« nannte, also zu den Betreibern von Gedankenläden, in denen man Secondhand-Platonismus angedreht bekommt. Die Öffentlichkeit liebt diese Läden, sucht sie auf und wird dementsprechend bedient. Ich will hier nicht ausführen, wie es zu dieser Neigung gekommen ist, etwas über irgendeine Wirklichkeit hinter der Wirklichkeit herauszufinden und erklärt zu bekommen, was »die wahren Ursachen« oder »die wirklichen Motive« sind. Ich lasse es mit dem Hinweis sein Bewenden haben, dass diese merkwürdige Neigung Teil der Ersetzung der Religion/Theologie durch Geschichtsphilosophie ist, und letztere haben wir, trotz aller profunden Kritik, noch längst nicht überwunden – im Gegenteil, sie ist öffentlicher Habitus geworden, heruntergekommen gewiss, darum aber durchaus, ähnlich wie Jeans mit hängendem Hosenboden, attraktiv, nach allem Anschein.

Lassen Sie mich also an den Versuch gehen, Gewaltmilieus – grob schematisiert, zugegeben – zu beschreiben. Wobei ich natürlich vorausschicken muss, dass eine Vorstadtrevolte, eine Terrorgruppe wie die RAF und die Banden des »Islamischen Staats« beziehungsweise ihre mitteleuropäischen Rekruten selbstverständlich nicht dasselbe sind. Aber was heißt das schon? Nichts ist »dasselbe« wie ein anderes, doch kann es durchaus und in mancher Hinsicht auf einen gemeinsamen Nenner gebracht werden. Das ist eine triviale Feststellung, gewiss, nur muss man sie manchmal in Erinnerung rufen. Dieses Gemeinsame möchte ich, wie gesagt, nicht im Modus des Erklärens aufsuchen, sondern in dem der Beschreibung – nicht in Reaktion auf die Frage, was dahintersteckt, sondern als Antwort auf die Frage, was der Fall ist – und sehen Sie mir bitte nach, dass ich mit diesen Stichworten die Debatten, innerhalb derer sie geprägt worden sind, nur bezeichne, ohne mich erneut in sie hineinzubegeben.

Ich möchte mich dabei auf die Betrachtung des oben beschriebenen, Literatur und Politikparole gewordenen Affekts beziehen. Affekte dieser Art sind Abwehr, wie die Psychoanalyse weiß, und als Abwehr sind sie als Detektoren zu gebrauchen: Was wird abgewehrt, wo liegt das Lockende, ist es mit einer einigermaßen tauglichen Beschreibung dessen, was Gewaltmilieus wie die angesprochenen *tatsächlich bieten* (oder doch zu bieten versprechen), zusammenzubringen?

Der Affekt, etwas Soziales als unrein, kotig, abschaumartig, auferstanden aus Kloaken zu schmähen, schmäht es als aus Zuständen vorzivilisatorischer Unordnung hervorgekommen, als etwas, das unsere zivilisatorische Reinheit bedroht. Nicht diese oder jene zivilisatorische Errungenschaft, nicht dieses oder jenes kulturelle Ordnungsprinzip – nicht diese oder jene Regelung unseres Sexuallebens, nicht unsere Ordnung des verboten/geboten/erlaubt hinsichtlich von Gewaltausübung (privat oder öffentlich), nicht, was wir so »kulturelle Werte« nennen –, sondern ganz grundsätzlich das zivilisatorische Prinzip, dass überhaupt etwas zu ordnen ist, wenn man zusammenleben will – zuallererst das Schäufelchen. Nun ist es natürlich nicht so, dass sich der Mensch im Grunde seines Gemüts nach Unordnung sehnte – keineswegs. Täte er das, hätte er sich nicht auf den langen historischen Marsch in die diversen Ordnungszustände gemacht, und dass es je einen Unordnungszustand – gefürchtet bei Hobbes, idealisiert bei Rousseau – gegeben habe, bezweifelten schon Hume (bei Hobbes) und Voltaire und Wieland (bei Rousseau), mit allerlei Spott. Gleichwohl gibt es Unbehagen und eine Instabilität, das und die von vielen Autoren unterschiedlich metaphorisch bezeichnet worden sind, wenn etwa von einer »dünnen Decke« gesprochen wird oder, um zu zeigen, was nötig ist, von einem »stählernen Gehäuse«.

Was passieren kann, zeigt uns der Lebensstil der römischen Cäsaren, den der Althistoriker Alexander Demandt ein historisch einzigartiges anthropologisches Experiment genannt hat. Ganz gleich, wie sehr die Biografien des Tacitus und Sueton von den Ressentiments eines entmachteten Standes (der Senatoren) getragen worden sind – was passieren kann, wenn ein Einzelner sittlicher Selbstverständlichkeiten weitgehend entbunden ist und über die Machtmittel verfügt, seinen Launen freien Lauf zu lassen, dokumentieren sie doch. Die Baugeschichte von Neros Domus Aurea – seine (übrigens abscheulich hässliche) Stadtvilla und ihre kompensatorische Überbauung durch Vespasian – zeigt das wie vieles mehr. Das Nero zugeschriebene Wort, vor ihm habe kein Sterblicher gewusst, was man sich herausnehmen könne, signalisiert, worum es geht, und die Überbauung der Domus Aurea mit öffentlichen Thermen, was man wieder ins Lot bringen wollte – die dramatische Selbstermächtigung zur Grenzenlosigkeit.

Man denke auch an die ja nicht stets und ständig vorkommenden, aber durch Kriegsbräuche immerhin lizenzierten mittelalterlichen Plünderungen von Städten nach einer gewissen Belagerungsdauer – Shakespeare lässt Heinrich V. so zu den ihre Stadt verteidigenden Bürgern von Harfleur sprechen (und Geschichtliches durchaus korrekt abbilden):

Ergebt euch unsrer besten Gnade;
Sonst ruft, wie Menschen auf Vernichtung stolz,
Uns auf zum Ärgsten […]
Der eingefleischte Krieger rauhen Herzens
Soll schwärmen, sein Gewissen höllenweit
[…] und mähn wie Gras
Die holden Jungfraun und die Kinder.
[…] Was für ein Zügel hält die freche Bosheit?[7]

7 William Shakespeare, *König Heinrich der Fünfte*, übers. von August Wilhelm Schlegel, Wien 1825, S. 43.

Der Phase der kriegerischen Gewalt unter der Fuchtel des »Du sollst!« folgt – unter Umständen – eine unter der Lizenz des »Du darfst!«. Und dann ist der Teufel los. Bis nach ein, zwei Tagen wieder die Trompete bläst. Denken Sie an die Zustände in Lagern, wo der Willkürspielraum von Bewachern und Kapos einfach nicht mehr oder jedenfalls kaum begrenzt wurde. Es soll damit nicht behauptet werden, hier käme etwas wie der »wahre Adam« zum Vorschein, denn den gibt es nicht oder er ist alle Adams zusammen, das, wie es einmal hieß: »Ensemble der gesellschaftlichen Verhältnisse« (ergänze: durch die Zeiten). Aber es lässt sich – durch die Zeiten und sozialen Klassen – feststellen, dass dieses Moment der Versuchung durch Grenzenlosigkeit einfach existiert, und die Frage »Warum?« ist schlichtweg müßig. Und, das ist entscheidend, dieses Grenzenlose erweist sich dann, wenn es auf Kosten des Nebenmenschen geht, eben als grenzenlos – es muss rücksichtslos und zerstörerisch sein, sonst wäre es nicht, was es ist. Der (bzw. mancher) Einbrecher stiehlt nicht nur und säuft die Hausbar leer, sondern schlägt die Möbel kaputt, reißt die Vorhänge runter und – ja, natürlich scheißt er auf den Teppich.

Die Attraktivität mancher Gewaltmilieus so zu beschreiben, mögen viele nicht. Oft bekomme ich zu hören, meine These sei, Gewalt lasse sich aus den »niederen Instinkten« der Menschen erklären. Dabei weiß ich gar nicht, was das sein soll. Mein Hinweis, zu dem Entschluss, einer Stadtguerilla beizutreten, gehöre, das Tragen von Waffen zu *mögen* – der Entschluss, eine Pistole mit sich herumzuschleppen hat weitreichende psychische, physiologische, verhaltensrelevante Konsequenzen –, wurde so referiert, als behauptete ich, Stadtguerilleros seien »Waffenfetischisten« – was etwas ganz anderes ist (abgesehen vielleicht von dem Umstand, dass Andreas Baader tatsächlich etwas von einem solchen hatte). Mir geht es aber nicht darum, der Tatsache, dass entgrenztes Verhalten für Menschen eine Verlockung darstellt, noch eine zusätzliche psychologische Erklärung hinzuzufügen. Für eine Analyse der Attraktivität von Gewaltmilieus ist eine derartige Ergänzung nicht nötig, wobei gar nicht zu bestreiten ist, dass es stets individuelle Wege gibt, auf denen diese soziale antisoziale Versuchung wirksam wird. Ebenso wie es sehr individuelle Umstände sind, die dazu führen, dass der Lebensweg einen nicht dahin führt – nicht nur der Mangel an Gelegenheit nota bene.

Ferner resultiert das Nichtmögen der von mir favorisierten Beschreibung aus dem Wunsch, es möge für abscheuliches Verhalten doch irgendeine, letztlich moralisch akzeptable (wiederum:) Erklärung geben oder doch wenigstens ein einsehbares Motiv »hinter« dem schieren Destruktionsgeschehen. Also sind die *urban riots* wahrscheinlich doch die Rebellionen Zukurzgekommener, irgendwie ein, wenn auch ungelenk vorgetragener, Schrei nach Gerechtigkeit und Liebe. Wenn sie nur nicht so ritualisiert abliefen. Wenn man sich nur nicht auf ein Kalenderstichwort hin versammelte wie der Karnevalsverein – »Heraus zum Ersten Mai!«, was dann heißt: Autos anzünden. Oder die Scheibe des Tuchhändlers Benthien einwerfen oder Stereoanlagen abschleppen oder Bullen klatschen. Es ist die Selbstermächtigung zum großen »Du darfst!«

Natürlich wird immer auch geredet: Da ist die Legende vom Auslöser der *urban riots*, das rassistische Agieren der

Polizei (das hier gar nicht bestritten werden soll), da ist der Bankraub durch die RAF, der dazu dient, Sportwagen zu beschaffen, Waffen, konspirative Wohnungen und Sprengstoff, ein antikapitalistischer Avantgarde-Aufstand, da ist die Reise in den fernen Orient, wo das Köpfen und Frauenversklaven lockt, eine Pilgerreise im Namen des Propheten. Kaum ein Erpresser und Entführer, der sich nicht irgendwann einmal als Robin Hood ausgäbe. Nun, wir wissen, dass starkes Legitimitätsempfinden nicht nur die Erregbarkeit steigert, sondern auch die Grausamkeit. Schwache Legitimitätsempfindungen sind demgegenüber eher handlungshemmend.

Auch wenn es, um nun noch schnell zur Sache zu kommen, beim Eintritt in das Gewaltmilieu neue Zwänge gibt – eine Guerilla braucht ein gewisses Maß an Disziplin, der Gotteskrieger muss beten –, so ist dieser Übertritt doch zunächst die Abkehr von vorher gültigen Verboten, hin zu unerhörten Lizenzen. An die Stelle der Stabilisierung, vielleicht gar Steigerung dessen, was Hegel »Sittlichkeit« nennt, tritt die Steigerung der Erlaubnis, das alles zum Teufel zu schicken, wie es im angeblich aus den Bauernkriegen stammenden Lied heißt, das aber ein Marschlied der Wandervögel war: »Wir sind des Geyers schwarzer Haufen, heia-hoho« und: »Des Edelmannes Töchterlein – heia-hoho – die schickten wir zur Höll' hinein – heia-hoho«. Und das hat viele Facetten. Dies scheint mir die Grundlage:

1. Das bürgerliche Leben, nehmt alles nur in allem, zeichnet sich, wie seine Kritiker spätestens seit Schillers *Ästhetischen Briefen* wussten, durch irgendetwas aus, das diese

Kritiker als Auseinanderfallen eines, wie immer auch fantasierten, Ganzen zu verstehen versuchten. Diese Einschätzung ist außerhalb des jeweiligen Jargons, in dem sie vorgetragen wird, schwer zu fassen. Lassen Sie es mich so versuchen: Das bürgerliche Leben wurde als eine Art Unterprämierung für die Anstrengung, es zu leben, empfunden. Man musste die Zumutung der Vereinzelung, der Ohnmacht, der a-personalen Abhängigkeit, einer generellen Zusammenhanglosigkeit (die Soziologie und Historiografie sind die Kompensations- respektive Trostwissenschaften ins Syn- und Diachrone) aushalten und bekam … ja, was? (Nun ja, vielleicht den Roman als die klassische bürgerliche Kunstform, die gleichfalls kompensiert oder Formen, es zu ertragen, vorführt.)

2. Das Gegenmodell ist das mit Überprämierung versehene Angebot, das bürgerliche Leben zu verlassen. Wie kommentierte Ulrike Meinhof Baader/Ensslins Brandstiftung? Unpolitisch beziehungsweise reaktionär, aber illegal, ergo tendenziell ein Vorbild. Was folgte, waren die Bekenntnisschreiben, in denen vornehmlich von der Menge an TNT-Äquivalenten die Rede gewesen ist.

Was sind die Facetten des Gegenmodells?

3. Das bürgerliche Leben gewährt selten Grandiosität. Wenn doch, wird das mit außerbürgerlichen Attributen versehen. Man sehe nach, wie über außerordentlich erfolgreiche Manager geschrieben wird. Wer die Scheibe des Tuchhändlers Benthien oder wie Hugos Gavroche die Scheibe des Barbiers einschmeißt, wird mit Schauder wahrgenommen. Die RAF okkupiert Nachrichtensendungen und Fantasien, stürzt die Regierung in Krisen,

gewinnt Macht über Leben und Tod, richtet und richtet hin. Der IS bietet Mord und/oder Tod, die Leute kommen aus aller Herren Länder, um mittun oder doch wenigstens zusehen zu dürfen, wie ohne all dies ewige Bedenken geköpft, gekreuzigt, verbrannt werden darf und sogar soll.

4. Denn praktizierte Bedenkenlosigkeit ist auch die Gewährung äußerster Macht. Den Körper eines anderen zerstören zu dürfen. Und zwar auf Zuruf. Man ist ja nicht Beamter in der Todeszelle irgendeines Gefängnisses, wo es ohne Willkür, nach der Uhr und nach Ritual ohne jeden Anflug eines Machterlebnisses nur um den tödlichen Job geht. Bürgerliche Gesellschaft hat die direkte Macht, die in der Zerstörung des anderen Körpers ihren extremen Ausdruck findet, abgeschafft. Da gibt es Machtfragmentierung, da gibt es Prozeduren, Verrechtlichungen, Verzögerungen – der direkte Zugriff bleibt auf der Strecke. – Im *urban riot*, in der Terrorgruppe, im IS ist der Einzelne in den Status der Machtwillkür eingesetzt.

5. Gemach: Es gibt ja noch die Gruppe. Aber diese Gruppen verleihen solche Willkürmacht. In den *riots* durchs große Gewährenlassen, in der Terrorgruppe durch Delegation (»Du schießt!«), im IS vielleicht durch eine Art Henker-Casting. Die Gruppe (bei den *riots*: die Masse) hebt die bürgerliche Vereinzelung auf. Wie Sebastian Haffner über die NS-Feriencamps für Jura-Referendare schrieb, sie seien für die ein Genuss, die zu schwach für die Anforderungen des bürgerlichen Lebens seien, so findet man in schlechthin allen Dokumenten, die Erlebnisse der von Gewaltmilieus Angezogenen bezeugen, diesen Genuss am Aufgehobensein in einer regressiven

Gemeinschaft. Und dann verleiht diese Gemeinschaft das cäsarische Privileg, Herr über Leben und Tod zu sein.

6. Die Zugehörigkeit zur regressiven Gruppe garantiert keinen Lebensunterhalt. Das Bandenmitglied oder der Randalierer beziehen kein Einkommen. Aber sie werden gedeckt beim Beutemachen.
7. Die Deckung durch das Gewaltmilieu ist die Grundkontradiktion zur bürgerlichen Not-Tugend, der Kompromissbereitschaft. Der Einzelne in der Gewaltmenge schlägt zu und verschwindet, der Terrorist schlägt zu und verschwindet. Vielleicht hinterlässt er noch ein Flugblatt, auf dem zu lesen ist, dass der Bulle, um noch einmal Ulrike Meinhof zu zitieren, ein Schwein und kein Mensch sei. Auch dem Gotteskrieger ist der Kompromiss fremd, er kennt nur Gläubige und Ungläubige oder Ketzer. Der einem Gewaltmilieu Zugehörige hat also und genießt Identität. Demgegenüber findet sich der Bürger zur Individualität verurteilt, und seine Identität ist, da er als soziales Wesen lebt, diffus.
8. Die narzisstischen Gewinne aus Bürgerlichkeit fallen bescheiden aus. Sie sind schmal, stellen sich gelegentlich, nur hier und da, ein, mögen sich aus der Bilanzierung von Handlungsfolgen ergeben. Triumphal sind sie allenfalls im Sport oder auf der Bühne und auch dort hart erwirtschaftet. Demgegenüber sind die narzisstischen Gewinne aus der permanent die Zugehörigkeit als Grandiosität wertenden Prämierung durch die Gruppe immens, nebst der Lizenz, Identität (sprich: Einzigartigkeit aus der existenziellen Aktion der Zerstörung) zu gewinnen.

Rede ich über Bürgerlichkeit (sprich: das Leben in einer machtfragmentierten, verrechtlichten, auf Gewaltverminderung ausgerichteten Gesellschaft) als redete ich über ein Ziel, ein Telos des Zivilisationsprozesses, und über die Gewaltmilieus, als seien sie die negierende Kehrseite dieses Prozesses, der altböse Feind, den man nicht von den Sohlen schütteln kann? So natürlich nicht. Es gibt in der Geschichte keine Teleologie, aber man kann sehr wohl sagen, dass es Entwicklungen gibt, deren Richtungen sich nachzeichnen lassen, auch wenn sie nicht gerichtet verliefen. Nicht: da sollte es hingehen, aber sehr wohl: da ist es hingegangen, und von unserer Beschreibungswarte aus gesehen, muss uns nichts daran hindern, diesen Ort als einen zu definieren, von dem aus das Ungerichtete normativ als Fortschritt angesehen werden kann. Es gehört nun zu diesem Fortschritt im Sinne der Bürgerlichkeit, dass ihm die Grandiositäts- und A-Zivilitätsangebote ausgehen. Zum Vergleich: Im antiken Rom war die Zugehörigkeit zur herrschenden Klasse ein einziges Grandiositätsangebot, sogar eine Verpflichtung zur Grandiosität, der sich nur wenige – etwa der Freund Ciceros, Atticus – zu entziehen vermochten. Eine solche Offerte hält sich – nicht in diesem Extrem, aber doch – durch die Geschichte. Für den modernen Bürger besteht dieses Angebot freilich nicht mehr. Und wo doch, etwa in den Sturmzeiten zwischen ursprünglicher und geregelter Kapitalakkumulation, legen sich die Pioniere ein offensiv puritanisches Gehabe – siehe Rockefeller, ein virtuoser Unternehmer und gleichzeitig ein Bandenhäuptling – zu. Oder sie verlagern ihre Wünsche ins Symbolische, wie Philipp Reemtsma, der sich von Hans Domizlaff einen Wikingerschiffsbug als Firmenemblem entwerfen ließ und als ein *homo novus* und Neureicher in Hamburg demonstrativ eine besonders avantgardistische Architektur für seine Privatvilla wählte.

Für die anderen Klassen existieren solche Angebote nicht, es sei denn in Kriegszeiten – und sozusagen an den Rändern: man geht irgendwo hin – meist aus Not – schlägt sich durch und bereichert sich, wenn's klappt. Emily Brontë schildert so einen Fall in *Wuthering Heights*. Aber es gab meist so etwas wie Kolonien, später auch die Fremdenlegion: Wo man hinkonnte, nahm das Unbehagen am unterprämierten Alltag überhand: siehe Ernst Jünger, für den dann gottseidank das Gemetzel auf dem Schlachtfeld die ersehnten Sensationen brachte. Und es gab immer die Möglichkeit der Räuberbande und der Piraterie. Das Echo solcher Attraktivität reicht bis heute ins Kinderbuch. Es waren immer wenige, wenige sind es auch heute, doch machen sie viel von sich reden – »das Schiff mit acht Segeln und mit fünfzig Kanonen« der Dreigroschenoper, und Schiller, der Geschichtsdozent in Jena, wird mit Getrampel empfangen, der Hörsaal kann die Begeisterten nicht fassen, hat er doch mit einem Stück über eine Räuberbande am Theater debütiert.

Die Abwehraffekte – »Fäulnis«, »Kot«, »Abschaum« –, die verzweifelte Suche nach Erklärungen in Gestalt der Suche nach etwas »hinter« dem Offensichtlichen, zeigen nicht nur das Erschrecken vor der, sondern auch die Versuchung durch die Möglichkeit, sich in dies scheinbar »Urtümliche« wenigstens zu »vergaffen«, wie es Professor Kuckuck im Speisewagen nach Lissabon Felix Krull gegenüber formuliert. Shakespeares Heinrich V. können erst die Krone, die ihm zufällt, und ein großer Krieg, den er anzettelt, wirklich von der Bande an Räubern und Randalierern loseisen, denen er sein Leben mit Sir John Falstaff zuvor geweiht hatte, und vor Azincourt lässt er den letzten der Bande, den man beim Plündern erwischt hat, mit leisem Bedauern, aber doch, henken. Bei Victor Hugo ist die einzig unambivalent sympathische Figur jener erwähnte Fensterscheiben und Straßenlaternen einschmeißende Gavroche. Schiller schreibt genussvollen Schauder in sein Stück, wenn er »Schufterle« auftreten lässt, der einen Säugling verbrennt. Adorno (in den *Minima Moralia*) hat dieses Genussvolle in dem Befehl »Amalia für die Bande« klar notiert. Brechts kalte Grausamkeit in der *Maßnahme* ist das Gegenstück zur Ballade mit dem Refrain »O Himmel, strahlender Azur« sowie den Zeilen »und oft besteigen sieben Stiere eine geraubte fremde Frau«. Arno Schmidts Alter Ego in der *Gelehrtenrepublik* heißt »Bob Singleton« – Bob Singleton ist der titelgebende Name aus einem Roman von Daniel Defoe und ist dort ein skrupelloser und fürchterlicher Pirat. Das mag zuweilen tatsächlich grenzgängerische Qualitäten haben – Arno Schmidt nannte den beim öffentlichen Vorlesen der Mordszenen aus seinen Büchern schier aus dem Häuschen geratenden Dickens einen »Nicht-Mörder« – aber doch ist es Veredelung, Sublimation. Noch die exzessive Schilderung des Entgrenzten unterwirft sich in der Literatur, der Malerei, der Musik (*Sacre du Printemps*) der Ordnung der Form.

Gewaltmilieus liefern die Möglichkeit exzessiver Entsublimation – die ihrerseits symbolisch geraten kann. In den *urban riots* werden gerne Scheiben eingeschlagen und Autos angezündet. Es handelt sich um demonstrierte Zerstörungsmacht und Angriffe auf Körperrepräsentanzen, nicht um Krieg, aber doch nahe dabei. Nicht selten kommt es sogar vor, dass Bibliotheken angezündet werden, mithin direkt attackiert wird, was unsere Kultur ausmacht. Während der Straßenkämpfe des 19. Jahrhunderts in Paris und Wien wurden immer wieder die Straßenlampen zerschmissen. Auch Gavroche, ich habe es erwähnt, tut das mit Lust. Auf die Fenster, in denen dann noch Licht brennt, wird geschossen. Es ist der Angriff auf Sichtbarkeit und auf, lassen Sie mich den französischen Begriff für »Aufklärung« nehmen: *la lumière*. Die RAF verfasst Kassiber in einer Art regressiven Lallens, das als Ausweis radikaler Antibürgerlichkeit gelesen werden soll. Der IS sprengt Altertümer in die Luft – die Zeichen unserer kulturellen Entwicklung. Vielleicht lässt sich derlei auf diesen Nenner bringen: Hass auf die Symbolisierungen der Fähigkeit zur Sublimation.

# Gewalt und Vertrauen
Grundzüge einer Theorie der Gewalt in der Moderne

Es gibt eine Frage, die Sie alle kennen, die Sie sich selbst schon gestellt haben, auf die Sie Antworten oder Versuche, Antworten zu geben, gelesen haben, und die Sie vielleicht erwarten, auch von mir traktiert zu sehen. Es ist die Frage, wie es denn möglich oder vorstellbar sei, dass »ganz normale« Menschen (meist Männer) – oder gar: »ganz normale« Familienväter – unvorstellbare Grausamkeiten begehen, sich an Massakern beteiligen, nicht nur andere Männer, sondern auch Frauen und Kinder töten, Menschen demütigen, foltern, im Namen der Wissenschaft zu Tode quälen – und so weiter, die Beispiele sind Ihnen geläufig. Diese Frage beschäftigt uns, sie treibt uns um, sie treibt wissenschaftliche Publikationen an, die wegen der augenscheinlichen Bedeutsamkeit der Frage Publikumserfolge werden. Dennoch ist es eine alberne Frage.

Die Frage ist darum albern, weil die Antwort auf sie auf der Hand liegt: Wer denn sonst? Als Alexander Mitscherlich zusammen mit Fred Mielke über die Verbrechen der deutschen Medizin zur Zeit des Nationalsozialismus geschrieben hatte, wurde ihm von einem Ärztefunktionär vorgehalten, er denunziere die gesamte Zunft wegen ein paar verrückter Sadisten. Mitscherlich antwortete, um Verbrechen dieses Ausmaßes zu verstehen, könne man nicht auf die Annahme zurückgreifen, sie seien von verrückten Sadisten begangen worden – so viele gebe es nämlich von dieser Sorte nicht. Und dasselbe kann man von den Verbrechen deutscher Soldaten in der Sowjetunion, von den Wachmannschaften in den deutschen Konzentrationslagern, von den Folterkommandos des NKWD[1] oder moderner lateinamerikanischer Diktaturen sagen. Um das zu wissen, braucht man nicht auf die Erfahrungen des 20. Jahrhunderts zurückzugreifen. Wir können auf die Exzesse der französischen Armee in der Vendée sehen, wir können an die Gräuel der spanischen Konquistadoren denken, wir können uns an die Massaker der römischen Soldaten in Gallien erinnern. All dies wäre nicht möglich gewesen, wenn man auf pathologische Sadisten hätte zurückgreifen müssen, wenn nicht eine große Anzahl gewaltbereiter Männer zur Verfügung gestanden hätte – die es eben immer gibt. Dies ist eine grundlegende anthropologische Lektion, die nicht immer mal wieder, wenn in der Presse Fotos von grinsenden Quälern aus einem irakischen Folterlager zu sehen oder Nachrichten von irgendwelchen Milizen im Blutrausch im Sudan oder sonstwo zu lesen sind, mit Erstaunen neu zu lernen und schnell wieder zu vergessen sein sollte.

Das ist so; Menschen – nicht nur Männer – können das und tun es immer wieder. Menschen können auch Musik machen oder Bilder malen oder nett zueinander sein, und wenn wir das beobachten, fragen wir uns auch nicht, wie es denn bloß möglich sei, dass ganz normale Familienväter Klavier spielen. Und die Unterstellung, die in der Rede von den ganz normalen Familienvätern steckt, dass jemand, der über Tage Menschen quält, wenn er nach Hause kommt,

1 »NKWD«, russ. »Narodny kommissariat wnutrennich del«, Name des gefürchteten »Volkskommissariats für innere Angelegenheiten«.

das irgendwie im familiären Rahmen fortsetzen müsse, und wenn er das nicht tut, ein besonderer Erklärungsbedarf vorliege, ist ebenfalls nichts weiter als albern, und ebenso plausibel wie die Vorstellung, dass ein Maler, der sein Atelier verlässt, zu Hause seine Kinder anmalt. Allenfalls könnte man sich fragen, wie Psychologen einfallen konnte, Typen wie Adolf Eichmann oder Rudolf Höß – und zwar *unabhängig* von der extremen Monstrosität ihrer Taten – für etwas zu erklären, was man einen »ganz normalen« Familienvater nennt – aber da mögen sich ja auch die Maßstäbe ändern.

Nein, die Frage, die sich eigentlich stellt, ist diese: Warum stellen wir uns hartnäckig eine so offensichtlich alberne Frage? Um *diese* Frage zu beantworten, bedarf es allerdings einiger Überlegungen. Sie laufen auf das Folgende hinaus: die Kulturformation, die wir »die Moderne« nennen – d. h. jene aus den Krisen des 16. und 17. Jahrhunderts hervorgegangene europäisch-atlantische Kultur – unterscheidet sich (u. a.) von anderen Kulturen dadurch, dass sie Gewalt unter einen besonderen Legitimationsdruck gestellt hat. Sie ist gleichwohl – wie bekannt – eine zumindest phasenweise extrem gewalttätige Kultur gewesen. Sie hat in diesem Spannungsfeld bestimmte Formen der Gewalt verleugnet, wegerklärt, uminterpretiert und – wichtig für die Frage nach der Frage – verrätselt. Kurz: die Frage nach den ganz normalen Familienvätern ist Ausdruck des Problems, das unsere Kultur mit der Kluft zwischen Norm und Wirklichkeit hat. Eine andere Facette dieses Problems ist übrigens, dass wir immer wieder wissen möchten, wie es denn »bloß möglich« gewesen sei (um hier an die sprichwörtliche Formulierung aus Walter Kempowskis *Tadellöser & Wolf* zu erinnern), dass ein Land, das z. B. die Weimarer Klassik hervorgebracht hat, keine 200 Jahre später beispiellose Barbareien begangen hat – und immer wieder nicht wahrhaben wollen, dass die Antwort auf diese Frage längst gegeben ist, nämlich durch die Geschichtsschreibung, die es eben einfach beschrieben hat: soundso ist es geschehen, und dahinter gibt es kein Geheimnis, und dass Kultur vor gar nichts schützt – die Hoffnungen der Aufklärung waren noch andere, wenn auch nicht so ungebrochen, wie manche, die sich nicht so gut auskennen, das annehmen – ist einfach etwas, das man als Tatsache hinzunehmen hat. Dass das nicht bedeutet, seinen Frieden mit Grausamkeiten und Gewalt zu machen, sondern nur der dringende Hinweis darauf ist, sich nicht mit Problemen herumzuschlagen, die nur dazu da sind, die Realität nicht ansehen zu müssen, versteht sich vielleicht von selbst.

Um nun das besondere Verhältnis der Moderne zur Gewalt etwas genauer fassen zu können, muss ich einen theoretischen Exkurs einschalten. Wer sich in der soziologischen Theorieentwicklung ein wenig auskennt, weiß, dass seit einigen Jahren ein Thema sehr viel Diskussionsraum gewonnen hat, das Thema »Vertrauen«. Über das Thema »Vertrauen« ist jene Grundfrage der Gesellschaftstheorie neu angesprochen worden, die bei Georg Simmel vielleicht am wuchtigsten formuliert worden ist: »Wie ist Gesellschaft möglich?«; die bei anderen Autoren als die Frage nach den Bedingungen gesellschaftlicher Kohäsion auftaucht (wieso fallen Gesellschaften trotz der Zumutungen, die sie für ihre Mitglieder darstellen, nicht auseinander?); die bei David Hume die Fassung erhalten hat, warum eigentlich die Gesellschaftsmehrheit (in der Regel jedenfalls) der regierenden Minderheit auch dann folgt, wenn sie deutliche Nachteile davon hat; die bei Luhmann die ironisch-metatheoretische Form bekommt: »Wie ist Soziologie möglich?« – eine Frage, die von Heinz Bude so beantwortet wird: »Weil sich Soziologie mit dem Phänomen beschäftigt, daß es immer weitergeht«. Klassischerweise sind Fragen dieser Art beantwortet worden, indem man sich auf die »harten« Medien sozialer Kohäsion bezog: Macht, Herrschaft, Interessen – nicht zuletzt mit dem Hinweise auf die – in ihren Erscheinungsformen in der Regel unanalysierte – Gewalt, die eben »letztlich« hinter den Formen der Macht- und Herrschaftsausübung und dem Durchsetzen von Interessen stecke. Schon David Hume hatte erkannt, dass das wenig erklärt. Seine Antwort war: »opinion«, was mit »Meinung« nur unbeholfen übersetzt wäre. Man muss wohl sagen: »Einverständnis«, und im Vokabular gegenwärtiger soziologischer Theorie eben: »Vertrauen«.

Die Ökonomie z. B. weiß inzwischen, dass etwas wie das Währungssystem nur funktioniert, weil die Leute Vertrauen in sein Funktionieren haben. Was heißt das? Das heißt, dass sie annehmen, dass es morgen mehr oder weniger noch so funktionieren wird wie heute. Eine andere Erklärung gibt es nicht, denn auch als alle noch an die Absicherung der Währung durch Goldvorräte glaubten, mussten alle Vertrauen darauf haben, dass das Gold morgen noch so viel gelten werde wie heute, und da man bekanntlich mit Gold rein praktisch nicht viel anfangen kann, war dieses Vertrauen von derselben Art wie unser Vertrauen in das von jeder Dinglichkeit abgelöste System von Papierstücken, Versprechen, Krediten, Schulden, Buchungen und so weiter.

Wie sind diese und andere Formen des Vertrauens soziologisch-begrifflich zu fassen? Da liegt der Hase im Pfeffer. Im Grunde versucht jeder, »Vertrauen« in sein begriffliches Design einzupassen, so gut es geht. So finden wir Theoretiker, die nur bereit sind, von »personalem Vertrauen« zu sprechen. Die Leute haben Verhaltenserwartungen einander gegenüber und rechnen die gleichsam aufs Gesellschaftsganze hoch. Andere Theoretiker wollen im Gegenteil nur von »Systemvertrauen« sprechen, also von etwas wie dem eben erwähnten Vertrauen in das Währungssystem oder darin, dass morgen wieder Wasser aus der Leitung fließt. Ich meine, dass man beides sehen muss, und dass man verstehen muss, wie beides zusammenhängt, beschränke mich aber auf einen, wenn auch wesentlichen, Aspekt dieser Angelegenheit: Wie ist das Vertrauen beschaffen, das man in das besondere Funktionieren einer Kultur hat, und das meistens ganz erstaunlich enttäuschungsresistent ist? Denn – und jetzt komme ich wieder auf die albernen und die interessanteren Fragen zurück – wundern sollte uns ja nicht, warum es im 20. Jahrhundert zu den uns allen bekannten Gewaltexzessen gekommen ist, sondern warum es nicht dabei geblieben ist, warum diese nicht das letzte Wort der bisherigen Geschichte geblieben sind. Ich möchte daran erinnern, dass es Leute gegeben hat, die das nicht für möglich gehalten haben, etwa Theodor W. Adorno oder Thomas Mann – die, auf ganz unterschiedliche Weise, wenigstens eine gewisse Zeit – in den Jahren 1944/45 – nur glauben konnten, die Barbarei könne nur fortgesetzt werden.

Ich spreche nicht von »personalem« oder »System«-Vertrauen, sondern von »sozialem Vertrauen«, und das ist erst einmal nur ein Wort. Was ich damit meine, ist, dass man dauernd etwas tut, damit der Laden weiterläuft, und zwar in ganz verschiedener Hinsicht, und da die Wirklichkeit immer unübersichtlich ist, muss man grobe Unterscheidungen treffen. »Vertrauen« bedeutet, dass wir uns gegenseitig permanent zu verstehen geben, dass wir daran glauben, dass es so weitergeht, und zwar unabhängig von der weltanschaulichen Meinung, die wir darüber haben, ob wir dieses So-Weitergehen mögen, gutheißen, politisch hassen oder was auch immer. Und ich meine, dass dieses Glauben-daran-dass-es-so-weitergeht sich im Zusammenspiel dreier Dimensionen abspielt – jetzt kommt die grobe Unterscheidung – in den drei I: Interaktion, Institution, Imagination.

Interaktion: Wir setzen gewisse Erwartungen in das Verhalten unserer Mitmenschen und vertrauen darauf, vielleicht im Einzelfall, aber nicht dauernd und nicht mehrheitlich enttäuscht zu werden. Institution: Wir vertrauen darauf, dass die sozialen Institutionen – mehr oder weniger – funktionieren, und wo sie das mal nicht tun, erwarten wir, dass nicht alles aus dem Ruder läuft. Imagination: Wir haben eine gewisse Vorstellung davon, wer wir gemeinsam sind, und erwarten, dass diese Vorstellung von den meisten geteilt wird, weshalb wir annehmen, dass, wenn etwas in der Interaktion oder mit den Institutionen nicht erwartungsgemäß funktioniert, es ein gemeinsames Anliegen ist, das irgendwie wieder in Ordnung zu bringen.

Soziales Vertrauen bedeutet nicht, dass man sich in jeder Hinsicht wohlfühlt; man muss nur in etwa wissen, was man in bestimmten Situationen tun muss. Die Azteken konnten mit der Idee eines grundsätzlich instabilen Kosmos leben, weil sie wussten, wie sie seinen totalen Zusammenbruch verhindern konnten: indem sie Kriege führten, Gefangene machten und diese ihren Göttern opferten. Auch Kulturen, die durch permanenten Bürgerkrieg gekennzeichnet sind, können in diesem Zustand Kontinuitäten ausbilden: weil man eben weiß, dass man sich an dem Krieg beteiligen und sich die richtige Partei aussuchen muss. Vertrauen bedeutet nicht, kein Misstrauen zu haben. Misstrauen ist eine Strategie des Vertrauenserhaltes: weil man eben weiß, wann, wo, wem gegenüber man misstrauisch sein muss, und wann, wo und wem gegenüber eben nicht.

In dem Zusammenspiel von Interaktion, Institution und Imagination vollzieht sich ein permanentes Entwerfen des Normalfalles (wie unnormal er aus dem Blickwinkel einer anderen Kultur auch erscheinen mag). Vertrauen ist immer enttäuschbar (und die Strategien des gezielten Misstrauens können sich als fehlerhaft erweisen), aber in der Regel ist soziales Vertrauen gegeben, und das ist der Grund, warum Gesellschaft möglich ist, warum es immer weitergeht. Krisen werden durch Anpassung der Vertrauensstrategien bewältigt – der vollständige Zusammenbruch des Vertrauens ist selten: So etwas kam auf einigen Inseln der Karibik vor, als die dortigen Indigenen das Über-sie-Hereinbrechen der spanischen Invasoren nicht bewältigen konnten. Es kam zu massenhaften Selbstmorden, Kinder wurden nicht mehr gezeugt, und wenn doch, nach der Geburt umgebracht. Wir wissen von einer großen Krise im byzantinischen Reich unter Justinian, die dadurch ausgelöst wurde, dass der für ca. 500 n. Chr. erwartete Weltuntergang ausblieb. Mit dem hatte man sich durch verstärktes Kirchenbauen,

Spendentätigkeiten für Klöster etc. arrangieren können, aber als der Termin verstrich, machten die zuvor zureichend gedeuteten Krisenphänomene – Kriege, Seuchen, Hunger – plötzlich keinen Sinn mehr, und es kam zu massenhaften Zuständen buchstäblicher Verrücktheit. Wenn man Kempowskis letzten »Echolot«-Band über die letzten Tage NS-Deutschlands liest, hat man hier und da so etwas wie einen Nachhall solcher Zustände und auch der Bewältigung solcher Anfechtungen: Da berichtet ein britischer Offizier, wie sich deutsche Soldaten zu den provisorischen Gefangenencamps begeben – wie es schien, vor allem, weil der dortige Stacheldraht ihnen eine neue Stabilität an Stelle der verlorengegangenen verspricht: Es geht anders weiter, aber es geht weiter.

Und so haben sich die Konzepte sozialen Vertrauens über die Jahrhunderte immer wieder – und immer wieder krisenhaft – gewandelt. Lange Zeit gehörte in Europa der Zusammenhalt im Glauben dazu. Man unterstellte (Imagination), dass alle dasselbe glaubten, man nahm gemeinsam (Interaktion) an gewissen Ritualen teil und abweichendes Benehmen in dieser Hinsicht wurde geahndet, man unterstellte (Institution) der Kirche, dass sie einen verlässlichen Rahmen für all das abgab. Als das irgendwann aus dem Gleis geriet – wir nennen es Reformation –, kam es zu extrem blutigen Auseinandersetzungen, Teile Europas wurden verwüstet, aber letztlich kam es zu einem neuen Konzept sozialen Vertrauens, die in der – nicht in jedem Fall individuellen, aber kollektiv akzeptierten – Abwertung der Religion zugunsten der Politik, der Kirche zugunsten des Staates kam. Ich kann das im Einzelnen nicht ausführen, ich will nur die Richtung andeuten, in die das geht.

Vertrauen bedeutet also, den Normalfall immer neu zu entwerfen, und wenn dies in der gewohnten Weise nachhaltig nicht gelingen kann, dann einen neuen Normalfall zu entwerfen, indem die Vorstellungen von erwartbarer Interaktion, dem Funktionieren der Institutionen und der Imagination, wer »wir« eigentlich sind, verändert werden.

Zur Vorstellung und zum permanenten, durch unser soziales Handeln bekräftigten Entwurf von Normalität gehört nun ein wenigstens ungefährer Konsens darüber, welchen Ort die Gewalt in der Normalität hat. Die Idee, Gewalt sei das Unnormale, die wir übrigens auch in vielen soziologischen Theorien finden, ist eine spezifisch moderne – ich komme darauf zurück.

Keine Kultur ist schlechthin gewalttätig oder gewaltabstinent. Überall gibt es, wenn auch auf uns vielleicht irritierende Weise, eine ziemlich einfache Aufteilung: Gewalt ist verboten, geboten oder erlaubt. Ein einfaches Beispiel ist der Boxring: Gewalt ist insofern *erlaubt*, als die Kämpfer einander zu Boden schlagen dürfen; Gewalt ist insofern *verboten*, als Tiefschläge und das Abbeißen von Ohren nicht erlaubt ist; Gewalt ist *geboten*, weil ein Kämpfer wegen Untätigkeit disqualifiziert werden darf. In Kriegen ist, je nach Kultur, Unterschiedliches geboten, verboten oder erlaubt, und auf Grenzverletzungen wird mit hohem Aufwand reagiert – sei es, um sie zu ahnden, sei es, um sie zu vertuschen, sei es, um eine neue Kultur des Krieges mit neuen Helden, neuen Schurken etc. zu entwerfen. Im sogenannten Hundertjährigen Krieg war das Aufeinandertreffen von zwei Kriegskonzeptionen für den Verlauf des Krieges – jedenfalls in einer gewissen Phase – von großer Bedeutung: Darf man Bogenschützen gegen Ritter antreten lassen? Bis hin zu Kenneth Branaghs Verfilmung von Shakespeares *Henry V* reicht das Echo der Erschütterung durch diese Frage. Wirtshausschlägereien sind heute ein Grund, die Polizei zu rufen; im 19. Jahrhundert waren sie das nicht, man hätte jeden ausgelacht, der das versucht hätte. Bis vor Kurzem war es Eltern erlaubt, ihre Kinder zu schlagen (moralisch gesehen sogar geboten: »Wer sein Kind liebt, der züchtigt es«), und Männern, ihre Ehefrauen zu vergewaltigen.

Es geht mir hier nicht um die moralische Empörung, die wir im einen oder anderen Fall empfinden mögen, sondern darum, dass sich immer etwas ändern kann, dass sich auch unsere moralischen Maßstäbe ändern, und zwar je nachdem, was für uns der Normalfall ist, den wir durch unsere Konzepte sozialen Vertrauens perpetuieren – oder den wir durch unser Handeln, unsere geäußerten Ansichten, durch unser Unwohlsein bei der unveränderten Fortsetzung der Normalität meist weniger ändern wollen als eben bloß ändern.

Wenn Kulturen aufeinandertreffen, deren Vorstellung von dem, was an Gewalt wo, wann, gegen wen geboten/verboten/erlaubt ist, dann führt das zu dramatischen Irritationen, die weit größer sein können als die am Beispiel der Auseinandersetzung Frankreichs mit England im Hundertjährigen Krieg erwähnten. Als die Spanier und Azteken aufeinandertrafen, sahen sie wechselseitig unvorstellbare Barbaren vor sich: Die einen machten Gefangene, um ihnen das Herz herauszureißen und die Körper hinterher zu Eintopf zu verarbeiten und aufzuessen, die anderen töteten, um zu töten, und ließen die Leichen in der Landschaft verfaulen. Das Aufeinandertreffen sehr unterschiedlicher Konzepte von erlaubt/verboten/geboten gehört vermutlich zu den furchtbarsten Erschütterungen, die die Begegnung unterschiedlicher Kulturen mit sich bringen.

Ich komme jetzt zu einer Behauptung, die Sie vielleicht irritieren wird – jedenfalls ist es meine Erfahrung, dass sie, wenn ich sie zur Diskussion stelle, besonders viel Widerspruch hervorruft, und dieser Widerspruch scheint mir mit der Beliebtheit jener Frage, die ich oben »albern« genannt habe, zusammenzuhängen. Unsere Kultur der Moderne hat nicht nur ein *anderes* Konzept der Sortierung von erlaubter/gebotener/verbotener Gewalt, sondern ein *von Grund auf anderes*, nämlich das, dass Gewalt – und das bedeutet: nicht nur Gewalt am falschen Ort, zur falschen Zeit, gegenüber den falschen Leuten – *an sich* ein Problem ist.

Zunächst kann man die Frage stellen, ob das denn tatsächlich so sei. Nun, man kann eine Menge Beobachtungen zusammentragen, etwa die, dass das Werk von Thomas Hobbes das erste philosophische Werk der Geschichte gewesen ist, das sich vor allem diesem Problem gewidmet hat: Wie ist Gewalt zu begrenzen? Noch bei Machiavelli lautet die Frage ganz anders: Wann ist Gewalt in welchem Maße und zu welchem Zeitpunkt angebracht? Man lese von den – wie der Historiker van Dülmen es genannt hat – »Theatern der Grausamkeit«, d. h. von den öffentlichen Hinrichtungsritualen und ihrer Allgegenwärtigkeit und verfolge die in den Jahrhunderten nach dem Dreißigjährigen Krieg vollzogene Abkehr davon. Man befasse sich mit der Geschichte der Abschaffung der Folter. Man lese das Schrifttum, in dem Europa gelernt hat, in Hexen (und Hexern) nicht mehr abscheuliche Schadenstifter zu sehen, sondern leidende Menschen, denen die Qualen, denen sie unterworfen waren, abnötigten, auch die absurdesten Dinge zu gestehen. Man lese über die Verwüstungen des Dreißigjährigen Krieges, die losgelassenen Soldaten in eroberten Städten und vergleiche die Schilderung der französischen Besatzung Frankfurts in Goethes *Aus meinem Leben*: Der bei seinem Vater einquartierte kommandierende Offizier legt Wert darauf, die Tapeten zu schonen, und verzichtet darauf, seine Karten mit Nägeln an der Wand zu befestigen. Es lässt sich noch eine Menge anführen.

Vor allem aber: In der Moderne wird Gewalt, wo sie denn doch vorkommt und für notwendig gehalten wird, *ganz anders legitimiert* als zuvor. Die Todesstrafe war vordem eine Selbstverständlichkeit. Heute sagen auch die, die sie befürworten, man könne »leider« oder »leider noch« nicht auf sie verzichten. Einen Verbrecher zu töten – und das hieß nicht selten, ihn totzuquälen und auszuweiden und seine Leiche öffentlich auszustellen – war vormodern ein Zeichen, dass der Souverän das Recht über die Körper der ihm Untergebenen hatte. Heute wird gestraft, um Gewalt zu verhindern. Kriege waren vordem eine Selbstverständlichkeit – heute werden Kriege geführt, um (weitere, schlimmere) Kriege zu verhindern – der Erste Weltkrieg war »the war to end all wars«. Wir müssen uns nicht darüber streiten, wie einleuchtend solche Legitimationen im Einzelnen waren oder sind. Worauf es ankommt, ist, dass sie in der Moderne notwendig geworden sind. Gewalt ist nur dort legitim, wo Gewalt vor schlimmerer Gewalt schützen soll.

Die Techniken der Legitimation sind Temporalisierung und Spatialisierung. Temporalisierung: Gewalt ist »noch« nötig, wir würden gerne auf sie verzichten, aber es geht noch nicht. Spatialisierung: Gewalt ist »dort draußen« (leider noch) nötig, etwa in den Kolonien, wo unsere Moderne noch nicht angekommen ist, aber wenn wir erst dort die nötigen Kriege geführt haben, dann wird sie nicht mehr nötig sein. Das heißt, dass Gewalt immer als etwas angesehen wird, das abzuschaffen man auf dem Wege ist. Das ist die Selbst-Imagination der Moderne: sie ist eine Kultur, für die Gewalt nicht selbstverständlich ist, die Gewalt nicht mag, sie abzuschaffen sucht und die sich auf dem Wege in eine wenn möglich stets gewaltärmere Zukunft sieht. Eine solche Selbst-Imagination wird man, wie ich meine, in keiner anderen Kultur finden.

Soviel zur *Imagination*. Nun zur *Interaktion*. Ich hatte schon Beispiele genannt: Gewalt im öffentlichen Raum wird in der Moderne zunehmend geächtet und eingeschränkt. Wir laufen nicht mehr selbstverständlich mit einem Degen an der Seite herum, und eine Prügelei ist selbst unter Heranwachsenden keine tolerable Form der Auseinandersetzung mehr. Wo die Interaktion dennoch gewaltsam stattfindet, ist das ein Problem für die Justiz, für die Polizei, für die Politik. Gewalt ist in der Moderne nicht mehr einfach »da«, sondern ein *Problem* und kriminell. *Institution*: Die Moderne bringt etwas hervor, das es so zuvor nicht gegeben hat – das staatliche Gewaltmonopol. Das staatliche Gewaltmonopol hat dafür zu sorgen, dass Gewalt nur noch staatlicherseits und zwar zur Verhinderung von Gewalt oder zur Ahndung außerhalb des Monopols ausgeübter Gewalt stattfindet. Mit dem staatlichen Gewaltmonopol ging eine *Selbstbeschränkung* der staatlicherseits ausgeübten oder angedrohten Gewaltmittel einher. Ich habe die Abschaffung der Folter erwähnt, die Abschaffung oder Einschränkung der Todesstrafe auf, wie man jedenfalls vorgibt, besonders wenig grausame Methoden. Dass Verdächtige auf Polizeiwachen zusammengeschlagen werden, war lange Zeit eine Selbstverständlichkeit, jetzt kommt sowas auch noch vor, aber man kann einen Skandal daraus machen, und es muss, wenn man den Skandal verhindern will, vertuscht werden.

Das also ist das, was das Vertrauen in der und in die Moderne charakterisiert: die Unterstellung gewaltfreier Interaktion, das staatliche Gewaltmonopol als Institution, die diese Interaktion möglichst weitgehend kontrolliert (und wo das nicht funktioniert hat, die Ordnung symbolisch – durch Strafen – wiederherstellt), die gemeinsame Imagination, dass diese Moderne funktioniert, d. h. auf dem Wege in eine Zukunft ist, die immer weniger Gewalt möglich und nötig macht.

Und dann, wie es Stephen Toulmin einmal formuliert hat, stürzte das Dach ein. Völkermord, ein entgrenzter Krieg ohne Präzedenz in der Moderne, Waffen, mit denen man zumindest demonstrieren konnte, dass man ganze Bevölkerungen einfach – und zwar nicht als Resultat einer Eskalation, sondern als ersten Schritt – auslöschen konnte, Massenmord und Folter im Namen einer besseren Zukunft. *Wie* das geschehen konnte, ist nicht rätselhaft, sondern Gegenstand quellenorientierter Geschichtsschreibung. Es ist in der Geschichte schon öfter vorgekommen, dass Gesellschaften das, woran sie zu glauben schienen, über den Haufen geworfen haben: Der griechische Geschichtsschreiber Thukydides beschreibt die Transformation einer einigermaßen zivilen Gesellschaft in einen Haufen hysterischer Paranoiker; im späten Mittelalter erleben wir eine

Religion, die ihr Dogma, an Hexerei zu glauben sei eine Sünde, transformiert in das Dogma, nicht an Hexerei zu glauben sei ein todeswürdiges Verbrechen; Ludwig Tieck beschreibt in seinem (quellenorientierten) großartigen historischen Roman »Der Hexensabbat«, wie eine Stadt, deren Bürger sich in der Ruhe aufgeklärter Zeiten sehen, zu einem Schauplatz grotesker Prozesse und Verfolgungen wird – und so weiter. Da gibt es keine Rätsel zu lösen, sondern es gilt nur, genau zu beschreiben, was der Fall gewesen ist, welche Handlung auf welche Handlung folgte. Man lese Saul Friedländer, man lese die Bücher, die zum Thema Holocaust, der Entschlussbildung zum Abwurf der Atombombe auf Hiroshima, zum Vietnamkrieg, zu den Verfolgungen in der Sowjetunion erschienen sind. Man lese diese Bücher und dann weiß man, was es zu wissen gibt. Dennoch meinen wir immer wieder, vor einem Rätsel zu stehen.

Dabei sollten wir uns vielmehr fragen, warum wir – trotz der Desillusionierung, die die Katastrophen des 20. und 21. Jahrhunderts doch waren – oder eigentlich hätten sein müssen – dennoch an dem Projekt der Moderne und am Vertrauen in dieses Projekt festhalten. Die Antwort auf diese Frage besteht aus zwei Teilen:

Erstens haben wir in der Moderne eine bestimmte Form der Gewalt so erfolgreich geächtet, dass wir sie gar nicht mehr wahrnehmen, und wo wir nicht umhinkommen, sie dennoch zu sehen, sie nur als pathologische Monstrosität erkennen können.

Zweitens haben wir, und zwar bis in den Kernbestand unseres theoretischen Denkens hinein, verlernt, Gewalt auch als ein Kommunikationsmittel wahrzunehmen.

Zunächst zum ersten Teil der Antwort: Wenn man eine Phänomenologie der Gewalt schreiben wollte, und eine Theorie der Gewalt kommt ohne eine solche Phänomenologie nicht aus, dann sollte man *verschiedene Formen des Körperbezugs* voneinander unterscheiden müssen. Es sind drei: Man kann den Körper eines anderen aus dem Weg schaffen wollen, weil er einem im Wege steht (ganz egal, wohin man will – an einen Safe, in die Hauptstadt eines anderen Landes, was auch immer). Man kann diesen Körper, der einem da im Wege steht, bedrohen, man kann ihn handlungsunfähig machen, man kann ihn töten. Die Gewalt, die man ihm antut, ist aber nicht auf diesen Körper selbst gerichtet, sondern dient dem verfolgten Ziel. Ich nenne das, weil es sich auf den Ort des Körpers bezieht, »lozierende« Gewalt.

Man kann auch den Körper eines anderen haben wollen, um etwas mit ihm anzustellen: »raptive« Gewalt; meist sexuelle, aber über Psychologie rede ich hier nicht, und darum kann die Frage unbeantwortet bleiben, wie die seelische Mischung von sexuellen und Übermächtigungswünschen bei jemandem beschaffen ist, der raptive Gewalt ausübt. Lozierende Gewalt will den Körper *weghaben*, raptive Gewalt will ihn *haben*.

Und schließlich gibt es Gewalt, die sich darauf richtet, den Körper zu zerstören, und zwar nicht als Resultat oder Begleiterscheinung einer anderen Gewaltform, sondern als auf diesen Körper gerichtete Intention. Ich nenne diese Form der Gewalt »autotelisch«. Diese autotelische Gewalt gibt es, wie die anderen Gewaltformen, die sich natürlich mischen können, in allen Kulturen, sie wird zuweilen gepflegt und ist, wo sie – denken Sie an die Unterscheidung von erlaubt/geboten/verboten, die nicht nur für Gewalt schlechthin, sondern auch für bestimmte Gewalt*formen* gilt – vorkommt und nicht vorgesehen ist, immer ein besonderes Problem. Unsere abendländische Literatur beginnt mit der Schilderung eines Exzesses autotelischer Gewalt: Es reicht Achill nicht, Hektor zu töten, sondern er will dessen Körper zerstören. Rom hat an dem öffentlichen Entzücken an Inszenierungen autotelischer Gewalt ein Gebäude errichtet, das zu den berühmtesten der Welt gehört: das Kolosseum. Die erwähnten Hinrichtungsrituale der frühen Neuzeit waren, ich sagte es schon, die Demonstration, dass der Souverän das kann und darf: einen Körper zerstören und ausweiden. Die Hinrichtungsschauspiele der Französischen Revolution, bei denen das Publikum zusammenströmte und johlte, bei denen sich der Boden unter der Guillotine in einen Blutsumpf verwandelte, wo Hunde dieses Blut aufleckten und Henker die Finger der Toten als Amulette verkauften, waren Orgien autotelischer Gewalt. Wenn man liest, was deutsche Ärzte den Menschen antaten, die ihnen zu Zwecken des Experimentierens überantwortet wurden, stellt man irgendwann fest, dass ein großer Teil wenigstens dieser Experimente keinen Sinn hatte, den man etwa beschreiben könnte als »wissenschaftlich begreifbar, wenn auch unethisch«, sondern das bloße Zerstören von Körpern waren, die man eben deshalb zerstörte, weil einem die Macht dazu gegeben war.

Diesen Zusammenhang von Macht und Gewalt haben wir in der Moderne geächtet und dabei verlernt, ihn wahrzunehmen. Gewalt ist für uns entweder lozierende Gewalt, die illegitim (Verbrechen) oder legitim (zur Verbrechensverhinderung) oder in Kriegen ausgeübt wird, um den bedrohlichen Feind zu entwaffnen. Raptive Gewalt ist entweder kriminalisiert oder (in Kriegen) verleugnet, und ist heute (bei uns wenigstens) auch im familiären Rahmen nicht mehr geduldet. Autotelische Gewalt ist etwas, das wir allenfalls als eine spezifische Verrücktheit wahrnehmen – mit Abscheu in der Wirklichkeit, medial (Stichwort »Serienkiller«) mit einem gewissen Gruseln. Wo autotelische Gewalt die Politik bestimmt, verstehen wir sie nicht und nehmen sie nicht wahr. Das massenhafte Umbringen von Juden in Europa muss doch irgendeinen Sinn gehabt haben! Man wollte Wohnungen freimachen, Wirtschafts- oder Bevölkerungspolitik betreiben oder was auch immer. Man wollte – lozierende Gewalt – Körper aus dem Weg schaffen, denn das ist zwar moralisch auch nicht zu rechtfertigen, aber nicht völlig verrückt. Wenn in einem argentinischen Gefängnis grauenhafte Quälereien passieren, dann ist das furchtbar, aber man weiß doch, was die Leute wollen: Informationen, um die politische Opposition effektiver verfolgen zu können. Aber was ist, wenn da Leute über Wochen und Monate gequält werden und es wird ihnen keine einzige Frage gestellt? Ja, der Einsatz der beiden Atombomben war schrecklich, vielleicht auch moralisch nicht zu rechtfertigen, aber er war eine kriegerische Maßnahme, vielleicht auch (im Falle der zweiten) ein furchtbares technisches Experiment – und das ja auch gar nicht falsch. Aber es ist nicht die ganze Wahrheit. Die versteht man erst, wenn man die unheimliche Fröhlichkeit von Truman und seinen Kriegsministers Stimson ganz ernst nimmt, ihr Entzücken darüber, Menschen zu sein, die über ein derartiges Zerstörungspotential gebieten.

Menschen haben diese Fähigkeit, es ist die größte Macht, die einem Menschen geboten werden kann, andere Körper nach Willkür zu zerstören, und wir erkennen die Risiken, die mit wie auch immer beschaffener Gewaltausübung verbunden sind, nicht, wenn wir die Tatsache, dass der Mensch immer und zu allen Zeiten zu autotelischer Gewaltausübung wenigstens verführbar war, ignorieren. Das berühmte Zimbardo-Experiment – fiktional nachgestellt im Film *Das Experiment* – zeigt, was die Geschichte über die Jahrhunderte gezeigt hat und was uns die Fotos aus Abu Ghraib gezeigt haben: Wenn man Areale schafft, wo autotelische Gewalt ausgeübt werden kann, dann *wird* sie ausgeübt werden. Wohlgemerkt, ich sage *nicht*: von jedem. Aber von zureichend vielen. Und nicht nur von Leuten, die vorher oder nachher pathologische Auffälligkeiten gezeigt hätten. Wir sollten uns den Abscheu der Moderne vor autotelischer Gewalt erhalten, aber es hat keinen Zweck, sie in der Wirklichkeit zu übersehen, und zu verleugnen, dass sie eine menschliche Fähigkeit ist, von der sehr viele Menschen Gebrauch machen, wenn sie können.

Zum zweiten Teil der Antwort, der kommunikativen Seite der Gewalt: Wenn Sie sich das Werk von Jürgen Habermas vor Augen führen, dann gibt es dort – in der Theorie, nicht in den politischen Schriften, versteht sich – die Gewalt nicht. Aus einem einfachen Grund: Es handelt sich um eine Theorie kommunikativen Handelns, und so, wie dort Kommunikation verstanden wird, ist Gewalt der Abbruch der Kommunikation. Oder nehmen Sie Niklas Luhmann: Für ihn ist im Rahmen seiner Machttheorie Gewalt eine »Vermeidungsalternative«. Der Mächtige sagt: »Tu das, sonst …«, und beide wollen nicht, dass es dazu kommt.

Der Mächtige ist gerade darum mächtig, weil die Drohung funktioniert, ohne sie wahrmachen zu müssen.

Nun gibt es ein Interview mit einem bejahrten Mafioso in den USA namens Cola Gentile, der auf seine alten Tage einem Journalisten gegenüber redselig geworden war. In diesem Interview entwirft er ein Luhmann'sches Szenario: Wenn du mich mit einer vorgehaltenen Pistole zu etwas zwingst, dann bist du kein Mafioso, sondern nur ein Kerl mit einer Pistole; wenn ich dich mit vorgehaltener Pistole zu etwas zwinge, bin ich auch nur ein Kerl mit einer Pistole; ein Mafioso bin ich nur dann, wenn ich dir sage: »Schau mal, es wäre doch in unser beider Interesse, wenn du jetzt ...« – was immer es sein mag. Nur hat er da eigentlich recht?

Das System Mafia funktioniert doch schließlich deshalb, weil immer mal wieder jemand umgebracht wird. Im Falle dieses speziellen Mordes mag die Auffassung von Gentile und Luhmann zutreffen: Hier hat etwas nicht so funktioniert, wie es sollte, aber damit es beim nächsten Mal wieder funktioniert, muss eben immer mal wieder einer umgebracht werden. Das bedeutet: Die Gewalttat ist nicht bloß etwas zwischen dem, der sie tut und dem, der sie erleidet. Sie ist auch ein kommunikativer Akt, der sich an einen Dritten richtet. Eine komplexe Botschaft: »Wir dulden nicht, wenn man sich unseren Wünschen verweigert, benimm dich anders als der, der hier tot auf dem Marktplatz liegt, in Palermo haben wir das Sagen, Rom ist weit, setze nicht auf das staatliche Gewaltmonopol, auf gewaltfreie Interaktion und übernimm die Imagination von dem, was du bist und was wir sind, von uns.« Das sind ziemlich intentionale Botschaften, aber sie müssen nicht in einem strikten Sinne

»gemeint« sein. Eine Kugel wird von Schützengraben zu Schützengraben eben einfach abgefeuert, aber die Kugel, die den einen trifft, sagt dem anderen eben doch auch: »Gib auf, sonst geht es dir auch so«. Man schießt nicht, um alle zu töten, sondern – lozierende Gewalt – um die feindlichen Soldaten dazu zu bringen, das Feld zu räumen. Es sei denn, die Schlacht wird zum Massaker. Dort geht es nur noch um die Zerstörung anderer Körper, und es ist interessant zu sehen, wie die Berichte über Massaker – egal, wie die Kriegsgründe beschaffen sind, wie die Bewaffnung aussieht, für welche Ideale oder Interessen Leute in den Krieg ziehen – sich über die Jahrhunderte ähneln.

Aber autotelische Gewalt hat auch an sich einen kommunikativen Gehalt. Die hinrichtende und zerstückelnde Obrigkeit sagt: »Ich kann das, darf das, und so ist die Weltordnung«. Die Polizei, die einen Gefolterten zu seiner Familie bringt, um ihn ihr zu zeigen, und dann wieder mitnimmt, sagt dasselbe: »Ich kann das, darf das« – und, wie ein argentinischer Folterer es wörtlich sagte: »Wir sind Gott«. Das steckt in der autotelischen Gewalt – zu sein wie Gott, die Welt ersäufen oder verbrennen zu können. Sie waren wie Gott und sie ließen es alle wissen: etwa Amon Göth aus dem Film *Schindlers Liste*, den Schindler in Versuchung führen wollte, es abwechslungshalber mal mit dem Begnadigen zu versuchen, und der dann merkte, dass ihm das Erschießen einfach mehr Spaß machte. (In den Kontext der Verständnisprobleme der Moderne mit ihrer eigenen Gewalt gehört auch die Szene, in der Schindler nicht glauben kann, dass Göth Menschen tötet, weil es ihm Spaß macht.) Wenn Stalin anordnete, dass in einer bestimmten Region zehntausend Verräter zu deportieren und umzubringen seien, dann hatte das einerseits instrumentell überhaupt keinen Sinn, andererseits einen eminent kommunikativen: Es war die Demonstration totaler Macht, es war die Freude, jemand zu sein, der so etwas tun oder lassen kann, es war eine Nachricht, dass keiner vor dem Zugriff sicher ist, dass es keine Verhaltenstechnik gibt, die einen in Sicherheit bringt – und es war, nebenbei, eine Tat, die die Umorientierung des Vertrauens bewirkte, weg von einer Vorstellung sicherer Räume, hin in jene permanenter Unsicherheit, in denen man aber – vielleicht – überleben kann, wenn man selbst der ist, der als erster denunziert oder sich am Schreiben von Listen beteiligt.

Das 20. Jahrhundert ist so nicht nur ein Jahrhundert extremer Gewalt und der Exzesse autotelischer Gewalt gewesen, sondern auch ein Jahrhundert der Kommunikation mit Gewalt. Die Re-Etablierung der Standards der Moderne ging nun genau über den Weg, diese kommunikative Seite wieder zu vergessen bzw. zu verleugnen. Das geschah auf verschiedenen Wegen und ist bis heute eine ambivalente Angelegenheit geblieben: Einerseits gelang es eben, diese Standards wiederzugewinnen – jedenfalls dort, wo es gelang, andererseits war der Preis ein fundamentales Sich-selbst-nicht-Verstehen, die eigene Geschichte zu verrätseln, den Charakter der Gewalt zu verkennen und damit erneut Illusionen zu produzieren.

Ich möchte zum Schluss dieses Vortrags auf drei Wege eingehen, die kommunikative Seite der Gewalt zu minimieren. Die ersten beiden Wege haben die kommunikative Seite faktisch tatsächlich eingeschränkt, der dritte Weg hat sie verleugnet. Der erste war die Delegitimierung durch Verfahren. Der Terminus ist bei Luhmann entlehnt, dort ist von Legitimierung durch Verfahren die Rede, und im Falle des Gerichtsverfahrens ist damit gemeint, dass den Verfahrensbeteiligten die Sache, um die es ihnen geht – der Streit oder die eigene Tat – gewissermaßen enteignet wird, indem sie genötigt werden, in einer ungewohnten Sprache und Rollenverteilungen über die Sache zu sprechen, wodurch sie nicht mehr ihre, sondern die des Gerichts wird. Am Ende steht ein Urteil, das festlegt, wie die Angelegenheit anzusehen ist, und wer gegen dieses Urteil opponiert, wird zum sozial delegitimierten Querulanten. Dort nun, wo politische Gewalt größten Ausmaßes vor Gericht abgehandelt wurde – zunächst in den Nürnberger Prozessen, heute in Den Haag und anderswo –, werden die Angeklagten ebenfalls genötigt, sich in ein Verfahren einzubinden, und sie kommunizieren nicht mehr mit einer Öffentlichkeit, sondern mit einem Gericht. Karl Jaspers hatte noch die Sorge, Eichmann könne den Prozess in Jerusalem dazu benutzen, sich an die Weltöffentlichkeit zu wenden und sich als den zwar nun persönlich gescheiterten, aber irgendwie heroischen Vertreter einer großen Sache präsentieren. Genau das hatte Eichmann in einem langen Gespräch, das allerdings viel später erst an die Öffentlichkeit gelangte, auch getan. In Jerusalem versuchte er sich als jemand zu präsentieren, der die Gewalt weder gesucht, noch gerne ausgeübt hatte. Er selber arbeitete daran mit, die Gewalt ihres kommunikativen Gehaltes zu entkleiden, sie als bloße Auftragserledigung einzuordnen – und am Ende blieb nur die moralische und juristische Bewertung und das Todesurteil.

Der zweite Weg ist die Karriere der, wie ich es an anderem Ort genannt habe, Überlebenden-Memoiren. Das ist eine Textgattung, die es in dieser Form vor 1945 nicht gegeben hat und die von Überlebenden des Holocaust und des Gulag verfasst wurde und die sich dann fortgesetzt hat: Gefolterte berichten über ihr Leid, aber auch Opfer gewöhnlicher Kriminalität wie Vergewaltigung, Kindsmissbrauch, Geiselhaft etc. Interessant ist, dass dieser Literatur eine besondere Deutungsautorität zugeschrieben wird – nicht nur über die geschilderten Ereignisse, sondern irgendwie über die Welt. Nicht: Da hat jemand etwas Besonderes, Extremes erlebt, das vielleicht interessant zu lesen ist, aber doch nur den Blick freigibt für etwas Eigenartiges, sondern: Hier hat jemand einen Blick in die Welt getan, der für uns alle von besonderem Belang ist. In dem hier behandelten Zusammenhang bedeutet diese besondere Literatur, dass nicht mehr die Gewalt zu uns allen spricht, sondern dass der, der sie überlebt hat, zu uns *über* die Gewalt spricht.

Auf diesen beiden Wegen ist die kommunikative Seite der extremen Gewalt des 20. Jahrhunderts tatsächlich beschränkt worden. In der *theoretischen* Kommunikation über Gewalt, in der Gewalt immer wieder verrätselt wurde, in der mit großem Eifer immer erneut entweder pathologisierende oder instrumentelle Deutungen der Gewalt – Reduktion der Phänomene auf lozierende und Verkennung der autotelischen Gewalt – gesucht wurden, ist die kommunikative Seite der Gewalt immer wieder verleugnet worden.

Ist nicht, wäre am Ende zu fragen, diese Strategie der Verleugnung auch eine erfolgreiche Methode, zu den Standards der Moderne zurückzukehren gewesen? Und hat es Sinn oder ist es nicht vielleicht gar leichtfertig, sie hier bloßzustellen? Ist es vielleicht bloßer Wissenschaftsfetischismus, darauf zu bestehen, dass die Welt nun mal so-undso beschaffen sei, und führt solche Illusionslosigkeit nicht in den Zynismus, der zu dem Schluss kommt, dass dann, wenn die Welt nun mal so sei, man sich den ganzen Gewaltabscheu der Moderne einfach schenken könne und zurückkehren zu dem ja doch erfolgreich praktizierten *Vertrauen in die Gewalt*? Wir alle neigen dazu, es uns in Illusionen wohl sein zu lassen, kein Mensch lebt völlig ohne Illusionen, aber ich möchte darauf bestehen, dass sie uns nicht gut tun. Wir haben gute *Gründe*, an der Gewaltaversion der Moderne festzuhalten. Aber es hat keinen Sinn, an die Stelle der guten Gründe Autosuggestionen zu setzen, die schon einmal Gewaltexzesse nicht haben verhindern können.

Was an die Stelle der Illusionen treten sollte, ist nicht etwa die Hoffnung auf eine bessere Zukunft – vom Hoffen ist nichts zu hoffen –, sondern vielmehr eine Kombination von Angst und Selbstbewusstsein, und das bedeutet: eine Veränderung der Selbst-Imagination. Angst im Sinne Sartres: zu wissen, dass man schon einmal gescheitert ist und dass es ebenso leicht wieder geschehen kann, wie es schon einmal geschehen ist. Selbstbewusstsein: dass die Einschränkungen der Gewalt in Interaktion, durch institutionelle Kontrolle und Beschränkung der Gewaltmittel des staatlichen Monopols der wohl bedeutsamste zivilisatorische Fortschritt der Menschheitsgeschichte gewesen sind, an denen wir festhalten müssen, weil wir – mit Blick zurück in die Geschichte und Rundumblick in die Gegenwart – nicht werden wollen »wie jene dort«. Das ist ein besseres Motto als »sei mir armem Sünder gnädig«, mit dem man sich gleich den Freibrief ausstellt. Zu dieser Mischung aus

Angst und Selbstbewusstsein gehört ein Verständnis der Mechanismen, die eine moderne Gesellschaft im Handumdrehen in den Zustand extremer Barbarei versetzen kann, und eine Sensibilität dafür, was Debatten wie etwa die über eine Re-Legitimierung der Folter anrichten können. Diese Sensibilität können wir nur dann gewinnen, wenn wir genau wissen, worüber wir reden, wenn wir über Gewalt sprechen.

## Zu dieser Ausgabe

»Gewalt als attraktive Lebensform betrachtet«, als Abschiedsrede von Jan Philipp Reemtsma am 5. Juni 2015 im *Hamburger Institut für Sozialforschung* gehalten, erschien erstmals in der Zeitung des Instituts, *mittelweg* 36/4 (2015), S. 4–16, und wurde für diesen Abdruck minimal überarbeitet.

»Gewalt und Vertrauen. Grundzüge einer Theorie der Gewalt in der Moderne« wurde als Vortrag im Rahmen der Reihe »Gewalt und Moderne« am 24. Januar 2008 im *Hamburger Institut für Sozialforschung* gehalten und erschien unter dem Titel »Hässliche Wirklichkeit und liebgewordene Illusionen. Trotz der Exzesse des 20. Jahrhunderts neigt die Jetztzeit zur fundamentalen Selbsttäuschung: Grundzüge einer Theorie der Gewalt in der Moderne« gekürzt in der Süddeutschen Zeitung vom 25. Januar 2008, S. 14, und später in der Zeitschrift *Psychotherapeut* 2 (2010), S. 89–97.

## Zu Autor und Werken

Jan Philipp Reemtsma (geb. 26. November 1952 in Bonn) wurde einer breiten Öffentlichkeit bekannt als einflussreicher Literaturwissenschaftler, politischer Essayist und Publizist, langjähriger Leiter des von ihm gegründeten Hamburger Instituts für Sozialforschung und als Mäzen[1] für kulturelle, wissenschaftliche und politische Initiativen.

Zwei Gesten könnten ihn näher charakterisieren: So teilte er einer Initiative mit, die sich dafür stark machen wollte, dass ihm das Bundesverdienstkreuz verliehen würde, er könne dies als Hanseat sowieso nicht annehmen und sie sollten dies doch bitte lieber lassen. Und er unterstützte den herzkranken Arno Schmidt (1914–1979) zwei Jahre vor dessen Tod mit dem damaligen Preisgeld eines Nobelpreises für Literatur bzw. 350 000 DM und gründete 1981 zwei Jahre nach dessen Tod die Arno Schmidt Stiftung, deren Vorstand er seit 1983 ist.

Seine eigenwillige, unverwechselbare, unbequeme Stimme zeigte sich früh, etwa in seinem Aufsatz »Zur Semantik des Begriffs ›Folter‹« von 1990: Dort untersucht er die Frage, warum der Rechtsanwalt Heinrich Hannover, der Mitglieder der Roten Armee Fraktion vor Gericht vertrat, vor ein Ehrengericht zitiert werden konnte, weil er die Einzelhaft seiner Mandanten als Folter bezeichnet hatte, und warum er am 19. September 1975 einen Verweis durch das Ehrengericht erhielt. Das Gericht hatte versucht, so Reemtsma,

1 Reemtsma verkaufte im Alter von 26 Jahren seine Anteile an der Reemtsma Cigarettenfabriken GmbH und gehört seitdem angeblich zu den 150 reichsten Deutschen.

»die richtige Anwendung des Wortes [Folter] auf Handlungen und Zustände unabhängig davon zu machen, welcher Art und Weise diese Zustände *sind* und was die Handlungen *bewirken*«. Anders ausgedrückt: Die Richter hätten sich an die Gesetze gehalten, also konnte keine Folter vorliegen – und durfte es vor allem nach dem Selbstverständnis der jungen Bundesrepublik auch nicht. Reemtsmas Schlussfolgerung ist ebenso unerwartet wie beunruhigend:

> Die besondere diskursanalytische Qualität des Foltervorwurfs scheint es den staatlichen Instanzen gleichsam unmöglich gemacht zu haben, unaufgeregt auf die Kritik an den Haftbedingungen zu reagieren oder die Forderungen der Gefangenen und ihrer Rechtsanwälte zu berücksichtigen.

Und noch schlimmer:

> Wenn der Staat seine Souveränität gegenüber dem inneren Feind verliert, reagiert er als feindliche Partei, meist in den Tendenzen regressiv, im Sinne einer Rückkehr zur ungebändigten Herrengewalt, aus der er einst entstand. Auf der ideologischen Ebene bedeutet das eine Entdifferenzierung staatlicher Gewalt – Justiz, Legislative, Exekutive, nach Möglichkeit auch die Massenmedien als »Vierter Gewalt« werden zum Schulterschluss genötigt.

Wie aktuell solche Probleme und Automatismen für uns sind, zeigt die sehr ähnlich verlaufende Schwächung des Folterbegriffs durch die Regierung der USA im Zusammenhang mit 9/11: Das sei alles keine Folter gewesen, wie ihm seine Berater versichert hätten, so George W. Bush. Deutlicher noch formuliert Reemtsma seine Bedenken mit dem Abschlusssatz des 2005 erschienenen schmalen Bandes *Folter im Rechtsstaat?*: »Wir sind, was wir tun. Und wir sind, was wir versprechen, niemals zu tun.«

Es ist diese Eigenständigkeit, dieses Zusammendenken verschiedenster Bereiche, die zu solchen Thesen führt, die einen nicht in Ruhe lassen. Der erwähnte Band *Folter im Rechtsstaat?* etwa nimmt Ausgang von einer präzisen Analyse des Verhaltens des Frankfurter Oberstaatsanwalts Wolfgang Daschner: Der hatte im Entführungsfall Jakob von Metzler dem vernehmenden Kriminalhauptkommissar empfohlen, dem Entführer Magnus Gäfgen das Erleiden von Schmerzen anzudrohen, damit dieser das Versteck des entführten Jungen verraten sollte, der damals jedoch von Gäfgen bereits ermordet worden war. Reemtsma stellt Daschner nun Dirty Harry gegenüber, jener Kunstfigur Harry Callaghan, die in der Verkörperung von Clint Eastwood aus ähnlichen Gründen im Film tatsächlich foltert.

Oder: In seinem Vorwort zum Sammelband *Mord am Strand* von 1998 mit eigenen Aufsätzen und Reden bringt Reemtsma die berühmte Erzählung *Doppelmord in der Rue Morgue* von Edgar Allan Poe mit der 1984 veröffentlichten Horrorgeschichte *Neue Morde in der Rue Morgue* von Clive Barker in Verbindung: Bei Poe wurde der Mord an einer Frau, die von unten in den Kamin eines Schornsteins gestopft wurde, nur deshalb aufgeklärt, weil die bestialische Zurichtung der Leiche nur von einem Tier verübt worden sein *konnte* bzw. ein menschlicher Täter nicht in Frage kam – die Tat wurde, wie sich später herausstellte, von einem Orang-Utan begangen. In Barkers neuerer Geschichte wird aber ein Gorilla weder als Täter noch als außerhalb der menschlichen Gesellschaft stehendes Tier wahrgenommen, sondern als ein »großer häßlicher Mann«. Reemtsmas Schlussfolgerung ist ungemütlich: Im 19. Jahrhundert sei es noch klar gewesen, »daß das Böse von außen kommt, hereinbricht – und wieder ausgewiesen werden kann«. Die moderne Erzählung mache demgegenüber deutlich, dass man sich im 20. Jahrhundert »über weitaus größere Gräuel Rechenschaft ablegen« müsse, als eben nur einen bestialischen Mord von einem Affen: »Der Begriff der Zivilisation hat keinen guten Ruf«, so Reemtsma.

Solche unerwarteten Verbindungen zeigen sich auch nicht nur thematisch, sondern auch in gemeinsamen Projekten, etwa mit dem Bundesverfassungsrichter Winfried Hassemer (1940–2014), die zu wegweisenden Veröffentlichungen wie beider Überlegungen über Verbrechensopfer im Strafprozess führten.[2]

In seinen Analysen macht Reemtsma aber auch vor Säulenheiligen der Literaturgeschichte nicht halt. In *Mord am Strand* findet sich eine kühle Abrechnung mit Wolfgang Borcherts (1921–1947) epochemachendem Schulklassiker und Kriegsheimkehrerstück *Draußen vor der Tür*, das Generationen von Schülern zu lesen hatten: dies liefere nur »die Formeln und Bilder, mit deren Hilfe sich ein deutsches Publikum von seiner Vergangenheit lossagen konnte«.

Das ist für das Publikum wie gesagt nicht immer angenehm: Reemtsma initiierte die sogenannte »Wehrmachts-

2 Vgl. auch das bis auf weiteres lesenswerte »Das Recht des Opfers auf die Bestrafung des Täters – als Problem«, abgedruckt in dem kleinen Sammelband *Die Gewalt spricht nicht* von 2003.

ausstellung«, die die Unschuldsthese, die Wehrmacht habe im Zweiten Weltkrieg saubere Hände behalten, demontierte (die heftigen Reaktionen nicht nur rechter Kreise zeigt besonders Michael Verhoevens Film *Der unbekannte Soldat*). Die erste Fassung der Wanderausstellung von 1995 bis 1999 wurde nach Kritik von Wissenschaftlern am Umgang mit den fotografischen Quellen, dass nämlich »von den 1433 Fotografien der Ausstellung weniger als 20 Fotos nicht in eine Ausstellung über die Wehrmacht gehören«, neu konzipiert, 2001 wiedereröffnet und lief bis 2004.

Bei solchen Aufarbeitungen macht Reemtsma keinen Halt vor der eigenen Person, sondern behandelt sich genauso, etwa in den Schilderungen seines Lebens als Entführungsopfer in *Im Keller*: Ihm sei es in dem entsprechenden Buch darum gegangen, eine durch die erzwungene Isolation der Entführung »aufgenötigte Privatheit zu zerstören als Voraussetzung dafür, eine schreckliche Lebensperiode wenigstens teilweise als Teil meines Lebens und nicht nur als erratische Exterritorialität ansehen zu können«. Dort beschreibt er sein Erleben in weiten Teilen in der dritten Person Singular, etwa wenn er sich dabei ertappt, seinen Entführer idealisiert und dessen Nähe gesucht zu haben: »Darum markiert diese Phantasie einen psychischen Tiefpunkt, den er erlebt hat und um den ich nicht herumreden will«.

Reemtsmas freiester und vielleicht faszinierendster (und zwischen den Zeilen persönlichster) Text ist seine Analyse der Kämpfe des Boxers Muhammad Ali (zuvor Cassius Clay, 1942–2016), ein detailgenau-faszinierendes *close reading* von dessen Boxstil, der Alis Kämpfe als Kunstwerke erscheinen lässt und so die eigentliche Brisanz der Figur Ali erst deutlich macht (der Band erschien 1999 und schließlich 2015 ergänzt). Und wieder bringt die Verbindung mit Unerwartetem unerwartete Klarheit, so die Einbeziehung der *Rocky*-Filme:

> Wo Ali groß und überzeugend siegte, gelang es ihm, seinen Stil auf das Ziel der Kombinationen hin zu organisieren und damit je nach Gegner zu variieren, ja, wenn es sein musste, scheinbar völlig umzustellen. [...] Und in dieser Verbindung von Ziel und Mitteln, Dominanz und Variabilität finden wir im Boxstil wieder, was das Bild Muhammad Alis für viele so faszinierend gemacht hat und was Sylvester Stallone (und ein Millionenpublikum) dazu gebracht hat, sich fünf Filme an ihm abzuarbeiten.

Ali/Clay habe auch auf diese Weise für »Selbstwahrnehmung und Selbstbewusstsein der Schwarzen in Amerika ... vielleicht mehr getan als Martin Luther King, Malcolm X, Patrice Lumumba und Bill Cosby« zusammen.

Gewalt, Folter, Trauma, Krieg: Reemtsmas Herangehensweise an die großen, verstörenden Themen zwingt zum Nachdenken und zu intensiver Beschäftigung. Der vorliegende Band versammelt – mit seiner Abschlussrede zur Beendigung seiner Tätigkeit als Leiter des Hamburger Instituts für Sozialforschung und einer Zusammenfassung seiner Theorie der Gewalt – zwei Reden zum Thema »Gewalt«, die gelesen gehören.

## Werkauswahl

Generation ohne Abschied. Wolfgang Borchert – als Angebot. In: mittelweg 35/5 (1992), S. 37–56.

Im Keller. Hamburg 1997.

Mord am Strand. Allianzen von Zivilisation und Barbarei. Aufsätze und Reden. Hamburg 1998.

»Wie hätte ich mich verhalten?« und andere nicht nur deutsche Fragen. Reden und Aufsätze. München 2001.

Die Gewalt spricht nicht. Drei Reden. Stuttgart 2002. [Darin: »Das Recht des Opfers auf die Bestrafung des Täters – als Problem«. Vortrag gehalten vor der Juristischen Studiengesellschaft Regensburg am 20. Januar 1998.]

Verbrechensopfer. Gesetz und Gerechtigkeit. [Mit Winfried Hassemer.] München 2002. Das unaufhebbare Nichtbescheidwissen der Mehrheit. Sechs Reden über Literatur und Kunst. München 2005.

Folter im Rechtsstaat? Hamburg 2005.

Was heißt »die Geschichte der RAF verstehen«? In: Rudi Dutschke: Andreas Baader und die RAF. Hrsg. zus. mit Wolfgang Kraushaar und Karin Wieland. Hamburg 2005. S. 100–142.

Lessing in Hamburg 1766–1770. München 2007.

Vertrauen und Gewalt. Versuch über eine besondere Konstellation der Moderne. Hamburg 2008.

Mehr als ein Champion. Über den Stil des Boxers Muhammad Ali. Überarb. und erw. Neuausg. Hamburg 2013. [Zuerst: Reinbek bei Hamburg 1997.]

Schriften zur Literatur. 3 Bde. München 2015.
Bd. 1: Homer, Shakespeare, Wieland und andere Zeitgenossen.
Bd. 2: Arno Schmidts poetische Sendung.
Bd. 3: Literarische Endspiele von Karl Kraus bis Walter Kempowski.

Was heißt: einen literarischen Text interpretieren? Voraussetzungen und Implikationen des Redens über Literatur. München 2016.

## Als Herausgeber

Folter. Zur Analyse eines Herrschaftsmittels. Hamburg 1991.
Walter Benjamin: Wahlverwandtschaften. Aufsätze und Reflexionen über deutschsprachige Literatur. Ausgew. und mit einem Nachw. von Jan Philipp Reemtsma. Frankfurt a. M. 2007.
Arno Schmidt: Über die Unsterblichkeit. Erzählungen und Essays. Frankfurt a. M. 2009.
Arno Schmidt: »Na, Sie hätten mal in Weimar leben sollen!«. Über Wieland, Goethe, Herder. Mit einem Essay von Jan Philipp Reemtsma. Stuttgart 2010.

## Als Vorleser (Auswahl)

Jan Philipp Reemtsma liest Arno Schmidt. 25 CDs. BMG Wort 1991.
Jan Philipp Reemtsma liest Christoph Martin Wieland: Klelia und Sinibald oder Die Bevölkerung von Lampeduse. Ein Gedicht in 10 Büchern. 3 CDs. Schwäbisch-Hall 2002.

## Zur Wehrmachtsausstellung

Hamburger Institut für Sozialforschung (Hrsg.): Vernichtungskrieg. Verbrechen der Wehrmacht 1941 bis 1944. [Katalog zur Ausstellung.] Hamburg 1996.
Hamburger Institut für Sozialforschung (Hrsg.): Verbrechen der Wehrmacht. Dimensionen des Vernichtungskrieges 1941–1944. [Katalog zur Ausstellung.] Hamburg 2002.
Film: Der unbekannte Soldat. Regie: Michael Verhoeven. Deutschland 2006.